高中数学教学与校园建设研究

李贤权　白华贤　陈建启◎著

中国出版集团　现代出版社

图书在版编目（CIP）数据

高中数学教学与校园建设研究 / 李贤权，白华贤，陈建启著 . -- 北京：现代出版社，2023.9
ISBN 978-7-5231-0494-1

Ⅰ.①高… Ⅱ.①李… ②白… ③陈… Ⅲ.①中学数学课—教学研究—高中②高中—校园文化—建设—研究 Ⅳ.① G633.602 ② G637

中国国家版本馆 CIP 数据核字 (2023) 第 152420 号

高中数学教学与校园建设研究

作　　者	李贤权　白华贤　陈建启著
责任编辑	刘　刚
出版发行	现代出版社
地　　址	北京市朝阳区安外安华里 504 号
邮　　编	100011
电　　话	010-64267325　64245264（传真）
网　　址	www.1980xd.com
电子邮箱	xiandai@cnpitc.com.cn
印　　刷	北京四海锦诚印刷技术有限公司
版　　次	2024 年 4 月第 1 版　2024 年 4 月第 1 次印刷
开　　本	185mm×260mm　1 /16
印　　张	9.5
字　　数	211 千字
书　　号	ISBN 978-7-5231-0494-1
定　　价	58.00 元

前　言

　　数学教学在高中阶段扮演着至关重要的角色，它不仅是学生智力发展的基石，也为他们进一步学习奠定了坚实的基础。然而，传统的数学教学模式缺乏培养学生创新思维和实际应用能力的环节，因此，我们有必要对高中数学教学进行深入研究，以寻找更加有效的教学方法和策略，激发学生的学习兴趣和主动性。另外，校园建设也是高中教育发展的重要方面之一，优良的校园环境不仅能够提供舒适的学习氛围，还能为学生的全面发展提供良好的条件。需要注意的是，当前的校园建设，不仅要注重校园文化建设，还要关注信息时代下智慧校园的建设，以提升高中教育资源的质量。

　　鉴于此，本书以"高中数学教学与校园建设研究"为选题，首先阐述高中数学教学理论，内容涵盖数学学科及其发展、数学语言与数学精神、高中数学教学的主要原则、高中数学教学的价值与意义；同时对高中数学教学思想及其渗透、高中数学教学方法及其创新进行论述。其次从高中数学教学的创新模式、校园管理工作及制度、信息技术环境下高中学校管理创新三个方面分析高中数学教学模式与校园管理。最后研究高中校园文化建设及有效途径、高中智慧校园建设及其应用。

　　全书结构科学、视野开阔、论述清晰，力求达到理论与实践相结合，针对高中数学教学进行深入分析，以促进高中数学教育工作的创新发展。同时对校园建设展开研究，以期为广大教育工作者和学校管理者提供参考价值。

　　笔者在写作本书的过程中，得到了许多专家学者的帮助和指导，在此表示诚挚的谢意。由于笔者水平有限，加之时间仓促，书中所涉及的内容难免有疏漏之处，希望各位读者多提宝贵意见，以便笔者进一步修改，使之更加完善。

目　录

第一章 高中数学教学理论审视

第一节 高中数学教学的主要原则

一、分层施教的原则

在进入高中阶段后，学生之间的学习差距会逐渐拉开，尤其是数学课堂上的"学困生"，甚至有可能因此影响个人的学习热情和信心，这时数学教师如果一味地开展统一化的单向教学，很容易导致部分学生难以适应教师的教学节奏和授课难度，甚至会导致学生之间的差距进一步拉大。而在数学课堂上每个教育对象都是平等的，所以数学教师应当遵循分层施教的原则，针对不同层次的教育对象制定不同的教育目标、教学方法和评价策略，在课堂习题训练和课外作业的安排上也应当考虑到不同层次学生的个性化差异，这样才有助于班级学生的共同进步和提高，避免课堂上两极分化现象的加剧。

二、学生主体性原则

当前，传统数学教学中学生被动接收知识的教学方法不再适用，因为其不利于培养学生学习思考的主动性，难以满足新高考要求。基于此，教师在开展数学教学时要遵循学生主体性原则，改变学生在数学课堂的被动地位，让学生处于课堂和课堂活动的主体地位。在设计和组织课堂活动时，教师应引导全体学生主动参与教学活动，给学生更多自主思考、交流、活动的机会，由此培养学生主动学习思考的兴趣和积极性，进而提升自身数学的综合能力。

三、主导探究性原则

由于传统应试性思维的限制，数学教师通常会要求学生做大量的练习题，然后教师进行纠错或让学生进行深层次的训练。在这样的数学教学实践中，教师是教学活动的制定者和控制者，学生只能按部就班地学习，自我学习与思考探究的空间不足，学生的思维能力难以得到有效培养，在很大程度上限制了学生数学核心素养的有效培育和发展。当前，教师要转变自身角色，由教学的主导者转变为指导者和引领者，设计更多探究性的教学活动，引导学生主动参与学习，树立主动探索的意识；同时要有针对性地启迪学生思维，引导学生自主探究思考数学问题。在学生思考学习中，教师要做好指导和评估工作，保证学生的学习和思考方向不发生偏差，由此培养学生良好的数学思维，拓展数学学习的深度和广度，提升高中生的数学综合能力。此外，对于相对复杂的数学题目，数学教师还可以将学生进行合理分组，让学生以小组为单位开展探究性的学习，这样有助于学生在困难面前集思广益、互帮互助、相互借鉴，进而营造出良好的学习氛围，促进学生共同进步。

四、知识应用性原则

在高中教育阶段，由于学生的学习任务重、学习压力大，所以数学教学的广度和深度常常会存在一定限制，很多学生与教师没有建立起数学教学与知识应用之间的现实联系，影响了学生在现实生活中"学以致用"的能力。而数学教学的最终目标是培养学生运用数学知识解决问题的能力，当前对学生解决问题能力的考查更加重视，因此，在数学教学中要坚持知识的应用性原则，教师应根据教学内容设计相应问题，通过问题启发学生思维，引导学生运用所学知识解决问题。在解决问题的过程中，学生学会分析、思考、探索问题并对各种知识重组运用，不仅可以巩固所学知识点，还可以很好地培养学生的思维能力和解决问题的能力。

第二节　高中数学教学的价值与意义

一、高中数学教学的价值

（一）为学生发展提供经验

高中数学教学不是全民教育，而是进一步提高文化科学素质的教育。但是，高中数学教学仍然属于基础教育阶段，因此，高中数学教学依然具有基础性。

首先，经过高中数学教学，学生可以获得更高的数学素养，以适应现代生活。在高中数学学习中，比运算更加重要的是思维方式。高中数学教学通过对学生思维模式的锻炼，会从根源改变学生的学习成绩。其次，学生通过课堂学习，不仅能掌握大量的数学知识，还能建立空间、象限、函数、公式算法、运算法则等重要的思维方式，提高学生的逻辑思维、形象思维能力。最后，学生在遇到数学难题时，能根据以往课本中所学的知识，积极地思考问题、解决问题。若遇到高难度且复杂情境化的数学难题，高中数学学习能通过多人合作、互帮互助的方式解决难题，激发学生的思维潜能，培养其创新精神，进而提高学生辩证唯物主义的认知能力。

另外，高中数学教学中经常会出现团体合作项目，同学之间的讨论交流不仅有助于学生思维扩散和及早解决问题，还可以提高学生的交流能力。高中教学课程中涉及类目众多，如正弦定理、三角函数、集合语言、概率计算等，都需要学生运用教师所说的思维逻辑思考、交流、探讨。

总而言之，高中数学学习是扎根式的学习模式，是学生今后进行科学钻研和升学深造的基础，无论今后学生选择怎样的专业，都离不开高中数学的基础，因此，高中数学教学还扮演着承上启下的角色，对学生今后的学习和生活都会产生深远且深刻的影响。

（二）培养学生的思维能力

如今，虽然提倡素质教育改革，但应试教育教学背景下的高考，仍然是学生压力的关键所在。然而，数学思维不等于解题能力，大部分学生能听懂课堂上教师讲述的解题思路，却难以运用课堂上学习到的知识，从容地解答出与数学相关的现实问题。高中是学生数学思维成长的关键时期，也是学生智力成长的重要阶段，为此，学生要学会思考，善于思考，而且要有自主学习的能力。

高中数学最主要的教学目的，是让学生掌握高考大纲规定的应掌握的知识点，并且提高学生的数学素养和思维能力。数学作为决胜高考的关键，自然受到教师和学生的特别关注，然而提升数学成绩的关键在于数学教师的教学，能否让学生贯彻解题思路，并顺利解答出数学难题。然而，实际的教学中，因为学生思维方式和解题思路的不同，导致不同的人对同一问题会有不一样的解题模式。数学教师在教学过程中，应有意识地培养学生的创新思维能力，帮助学生通过举一反三的思维模式的运用，不断提高自身的解题能力。另外，创新思维会伴随学生整个学习生涯，若是学生能够不断地钻研，形成自己的思维习惯，不但能提升自己的解题能力、学习成绩，而且对其今后的发展都会有巨大帮助。

（三）为育人做出重要贡献

面对高考的重担，数学教学十分容易变成应试教育的一个工具，着重将精力放在高中数学教育相关知识点、考点、重难点精讲方面。因此，数学教师在课程教育中，应重视德育教学成果，除了基础的专业知识外，还应该将素质教育融入日常的教学，让学生在掌握课本知识的基础上，还能够融会贯通多项生活技能。例如，教师透过专业知识，侧面反映现实世界，做到真正的以德育人、以德服人。

就高中生而言，数学学科本身就是众多学科中枯燥且晦涩难懂的一门课程。数学教学如果想要生动，必须从德育教学着手，将教学融入生活元素。例如，教师可以利用一个抽象的比喻、一个智慧的幽默等，将真理中蕴藏着的数学逻辑思维折射出来。数学文化与人文历史本身存在有千丝万缕的关系，学生也喜欢教师这样的授课方式。因此，这样的教学方式不仅能够让学生融入课堂的情境教学，而且能升华师生之间的感情。

二、高中数学教学的意义

（一）顺应时代发展要求

我们生活在信息高速发展的互联网时代，信息化教学已经成为高科技钻研项目的核心技术。当下的生活汇总，无论是方案制定、设计修正，还是具体到施工操作，都处处依赖数学技术。因此，强化高中数学教学已经是大势所趋。

（二）符合学科自身要求

1. 数学严谨的逻辑性

数学教学不同于物理学科或者其他可以用实验去佐证的学科。数学的本质是推理，它的最终结果需要一整套严谨科学的推理，证明这个结论是正确的。因此，数学教学中会应用到很多公式，创设契合学情的定理、公式的生成情境，即根据授课对象——学生的学情特点而创设的一个再创造过程。这些公式可以在数学公理中直接应用，套用公式将一些看似不相干的命题联系在一起，这里所说的命题，是可供判断的陈述句，如果也用陈述句表述计算结果，那么，数学的所有结论都是命题。所谓有逻辑的推理，是指所要判断的命题之间具有某种传递性，用逻辑的方法判断为正确并作为推理的根据的真命题这就是定理。数学逻辑思维能力是一种严密的理性思维能力。数学逻辑思维能力指正确合理的思考，即对事物进行观察、类比、归纳、演绎、分析、综合、抽象和系统化等思维方法，运用正确的推理方法、推理格式、准确而有条理地表述自己思维过程的严密理性活动。培养学生的逻辑思维能力是高中数学教学的目的之一。

2. 数学应用的广泛性

现代社会，小到日常生活，大到科学研究，都离不开数学学科的支持。尤其是现代信息技术的发展，数学学科的应用越来越广泛。不仅如此，数学与其他学科之间也有相关的联系。例如，每门学科的定性研究都会转化为定量研究，数学学科正好可以解决量的问题。数学是最基本的学科，也是最有科学哲理的学科。无论是自然科学还是社科类，一切问题都要回归数学，用数学的方法严密论证和推理，然后实践检验。因此，数学在高中教育中已经成为重要的基础学科，数学学好了，对学习物理、化学、生物等方面都有很好的帮助。数学应用的广泛性也是数学最显著特点之一，主要包括两个方面：①在生产、日常生活和社会生活中，我们几乎每时每刻都在运用着最普通的数学概念和结论；②全部现代科技的发展都离不开数学，因此数学应用的广泛性是必不可少的。

3. 数学内涵的辩证性

数学的研究对象是现实世界的空间形式和数量关系，而现实世界以其自身的规律在运动、变化和发展，因此，作为反映这种规律的空间形式和数量关系的数学，处处充满着唯物辩证法。例如，数学课本中存在的常量和变量、概率中的随机与必然、象限中的有限和无限等，它们是互相存在的前提，缺一不可，而且在特别环境下，还可以进行互相转化。数学教学中也处处隐含辩证方法。例如，证明"直与曲"就运用了辩证法。不仅是解答数学题需要辩证法，数学的发展也离不开辩证法。在高中数学的发展史上，数学离不开辩证法。例如，数学问题是数学发展的主要根源。数学家们为了解答这些问题，要花费较大力气和时间，难免会用到辩证法，因此，高中数学教学中对学生辩证唯物主义教育必不可少。

第二章 高中数学教学思想及其渗透

第一节 高中数学思想解读

一、高中数学的函数与方程思想

"函数与方程的思想是高中数学具体解题当中的基础思想。"[①] 函数与方程在建立数学元素之间联系的时候，具有天然的优势，函数与方程不仅能自然地建立问题中元素之间的联系，而且函数与方程互为补充相得益彰。二者在不经意间就能把数学问题中的各种元素，纳入一个统一的观察推算系统，为问题的解决带来巨大的方便。

（一）函数与方程思想的分析

1. 函数思想的认知

函数思想指根据题目结论的需要，结合条件信息构造相应的函数，通过函数关系，利用函数知识或函数观点观察分析转化和解决问题的思想。例如，函数的奇偶性使学生可以由函数在已知区间的性质，推断其在关于原点对称的区间上的性质，用一句成语来概括即为"事半功倍"。函数的周期性使学生可以由函数在某一周期上的性质，推断其在其他周期甚至在整个定义域内的性质，用一句成语来概括即为"一本万利"。

应用函数思想的常见情境有：遇到变量，构造函数关系，建立相关元素的直接联系；有关的不等式、方程、最小值和最大值的相关问题，利用函数，可以直截了当地确立解题目标；含有多个变量的数学问题中，选定合适的主变量，从而揭示其中的函数关系；实际应用问题里，引进字母表示相关元素，将其转化成数学语言，建立数学模型和函数关系，应用函数性质进行研究，甚至数列的通项公式、前项和公式，都可以看成项数的函数。用函数方法解决问题，正是函数思想的核心。

另外，函数思想很多时候就表现为一种价值观念和自觉意识，遇到相关背景，应该自

[①] 吴强．函数与方程思想在高中数学解题中的应用 [J]．数理化解题研究，2021（33）：32.

动地联想到函数思想方法。利用函数思想研究相应问题，除了熟练掌握和应用函数的知识和方法，具备函数应用的自觉意识，因此，需要注意以下三个方面。

（1）定义域优先，密切关注自变量的确切范围。定义域是函数三要素中最容易被忽视的，但它是函数研究的基础。定义域出错，可能前功尽弃，也可能使人一筹莫展。因为定义域有时候很可能给学生带来有益的启示，充分利用定义域的特殊性，可能把问题带入简化的方向。函数的定义域，不能简单地静态判定，而应该用联系发展变化的观点去分析，要考虑各种要素之间的联系和变化。这个问题在求最小值的时候，可使用均值不等式，但均值不等式无法确定最大值。这从一个侧面说明了函数思想的全面性和优势，它是真正的通性通法。

（2）恰当选择自变量。函数问题中，各种变量之间都有着千丝万缕的联系，它们之间的关系都直接或间接地体现着一定的规律。所有的变量中，目标变量一般而言就是因变量（函数值），学生应该选择那个与其他元素都有联系的元素作为自变量，而且这些联系最好是直接的，或者是容易求解的。如果认真分析，问题中总会有那个能与外界普遍联系的"一般等价物"，它就是解题需要的自变量。自变量选择得当，不但能快速简单地建立函数关系式，而且对后来的求解有重要意义。总而言之，自变量的选择，要体现条件的直接联系，也要体现结论的需要，要用发展的眼光去分析、去选择，应该预测一下函数表达式的化简求解过程，不断提高自己数学研究的洞察力和预见性。

（3）研究最值问题和取值范围问题时，首选函数。有很多数学问题是求目标元素的最大值最小值或者取值范围的，它们往往都可以用函数思想来研究。函数思想使学生的思维变得明确起来，而且目标函数表达式看似复杂，但是利用导数，问题还是被顺利地化解了。只要研究最值问题，往往是构建函数，当然包括导数的方法，尽管该题属于概率内容。不等式能成立（有解）和恒成立问题，一般都能转化成函数的最大值或者最小值问题。其中，把常数和变量分离，将问题转化成没有参变数的"规则函数"，问题一般会更加简便。

2. 方程思想的认知

方程思想，是将问题要素之间的各种关系转化为方程（组）然后通过解方程（组）让问题得到解决。许多问题中含有常量、变量和参量，可以通过适当方式，运用方程的观点去观察、分析问题的结构特点，抓住某一个关键未知量（主元）并以其为核心构造和处理上述方程。方程思想是详细分析数学问题中存在的各种变量，从整体角度分析各个变量之前的数量关系，并构建方程或者方程组，借助构造完成的方程或者方程组对原有问题进行转化。基于对方程或方程组的求解、性质分析，实现问题的最终解决。由于方程组求解实际数学问题时，需要对方程思想有着深刻了解，并且能够从已有问题中找到"方程元素"，从而利用方程发现、分析以及解决数学问题。利用方程解题包含三个步骤：首先，是将数学问题转化为方程问题，构建常见的方程或方程组；其次，是运用方程的性质求解或讨论；最后，将由方程得到的结论返回到原来的问题中，还原问题的答案。

构建方程的意识和利用方程性质求解的技能，通常是问题解决过程中的核心。方程思想是解决数学问题的重要思想之一，也是常用方法之一。在三角函数、数列、解析几何等中常用方程来解决。解方程的主要方法有配方法、换元法、加减消元法、代入消元法、平方相加法等。将应用题转化成数学题的过程就是构建一个方程，它把所有的关系都集中起来。在对数转化的过程中，需要注意的是要向可用数据的方向发展，让每个条件都能发挥作用，是一个基本的解题原则。方程组就是一张大网，几乎构建了问题要素之间的全部联系。方程组一旦建立，不经意间就可能完成一次转化或者跨越。数学方程思想的实现主要有以下注意事项。

（1）选择简单直接的未知数。学生在列方程时，应该力求充分使用题目条件的特殊性，力求所列方程简洁明快，并且在列方程的起步阶段，就为解方程做好准备。其中最重要的一点就是，选择那些能够简单直接的未知数，有时候它们甚至不能直接表示结论，但是它们可以建立起条件和结论间的直接联系。

总而言之，列方程（组）的时候，不能仅仅考虑当前的操作，还要为后续的解方程组做好铺垫，要条件结论兼顾，尽量利用题目条件结论的特殊性，在通性通法的基础上将问题进一步优化。

（2）采用设而不求的策略。采用设而不求的策略能避开那些不必要的、繁难的运算而直达目标。整体代入是设而不求的一种方式。在解决某些多元方程问题时，要有目标意识，通过虚设的字母，绕开复杂的运算过程，整体转化至最终目标。恰当合理地引入参数，通过参数建立方程，可使解题目标更加明确，条件和结论之间的联系更加明朗，这个参数最终可以消去不必解出而不影响结果。

解析几何问题中，对于有关点的坐标问题、直线和圆锥曲线位置计算问题，"设而不求"都能促使问题定向，简便化归，收到以简驭繁的解题效果。另外，"设而不求"在研究曲线交点问题尤其是圆锥曲线问题时应用最为普遍。大胆地引进字母，通过这些字母建立方程，在发展和转化的过程中巧妙地避开了解方程组的复杂运算，这都得益于学生对结论的深刻分析。在发展的过程中，人们始终关注结论的需要，将主要精力放在终极目标上，疑惑将会被一个个打开，促使人们找到真正的结论。

（3）将结论元素纳入条件方程。在发展条件的时候，学生应有意识地将结论元素纳入方程组；在发展条件的时候，要具备消元的自觉意识，力求嵌入目标元素而消掉其他元素。这一点看似顺理成章，但是在解题过程中往往不易做到。因此，人们一定要时刻关注终极目标，做到每步发展都更靠近结论。

例如，求角 B 的取值范围，应该得到关于它的不等式，利用均值不等式，消去 A、C，或者利用等比数列连续三项的常规设置。又如，要求三角形的三个内角，就应该列出关于它们的方程组，除去内角和那个天然的方程之外，还有等比数列对应的方程。三个内角用其中之一来统一表示，这种消元就是本题的中心思想。

3. 函数思想与方程思想的关系

函数思想与方程思想在一定的条件下是可以相互转化的，是相辅相成的。函数思想重在对问题进行动态的分析研究，方程思想则是在动中求静，研究系统中各种元素间的等量关系。尽管"函数"与"方程"之间存在着较大的差异，并不属于相同的范畴。然而，二者之间的关系非常紧密。基于高中数学解题角度进行分析，函数与方程思想的应用主要体现为两点：第一，结合"初等函数"的基本性质定理，对函数求值和求解不等式，或者对函数方程中某一参数的取值进行详细讨论。第二，利用函数构造新的函数，将题目原有问题转化为新数学问题的求解，一定程度上降低了问题的求解难度。函数与方程是一般和特殊的关系，把二者结合起来研究和处理数学问题，这就是函数与方程思想。以函数与方程思想研究数学问题主要有以下三个方面。

（1）函数思想与方程思想相互转化。函数思想与方程思想相互转化其实就是等价转化思想的特殊表现形式。直接研究某种问题遇到困难的时候，将其适当转化，新的情境往往带给人们全新的视野。这种背景下，最容易产生创新和突破。往往转化为函数问题。如果有时候一个函数难以研究甚至要转化成两个函数的问题。通过对相应函数对称性单调性极值点及最值的分析研究，借助函数这个强大的工具，人们对方程会有更加全面的认识，通常可使问题得以解决。

对于含参方程，通常有三类解法：①换元，将问题转化为二次方程，利用根与系数的关系或判别式，或者利用三角函数的有界性加以解决；②分离变量构造函数，把方程有解转化为求函数的值域，再根据函数的图像和性质来解决；③直接把方程问题转化为对应函数的零点问题，利用初等函数甚至导数的方法来研究。

另外，对于不会解的方程一般都可转化成函数问题。学生可以结合函数的导数、单调性、奇偶性、极值与最值和函数图像，遇到的问题一般都能顺利解决。但是，方程转化为一个函数还是两个函数，需要人们认真研究方程结构，再确定所选函数的研究难度。

（2）函数思想与方程思想相辅相成。在研究函数的时候，需要构建方程去沟通函数中的各种变量间的关系，使得函数更明确更简洁，在研究方程的时候，利用函数性质研究方程中各种未知数的相互依存关系。在很多综合问题中，通常不是单一地研究方程或者函数，而是将二者结合起来，二者可能互为因果、相互补充、交叉推算。总而言之，函数与方程是数学研究中的两个重要思想，它们都有着自己的知识背景和使用范围，但在很多情况下都可以相互转化。当方程的问题遇上函数的方法，问题可能变得非常轻松，反之也是如此。如果同一个问题用上函数与方程两种知识和方法，那么研究就会轻而易举。

函数与方程是研究数学问题的首选，在数学探索处于困顿的时候，它能使研究有章可循、有法可依，使对数学问题的成功探索几乎成为一种必然。

（二）函数与方程思想的应用

1. 函数与方程思想的应用规律

高中数学解题教学阶段，教师要引导学生形成函数与方程思想。利用该思想将数学问题中的常量转换为变量，不断提升函数与方程思想的工具性。将复杂、抽象的数学问题，转变为简易、直观的数学问题。具体利用方程思想解决数学问题时，要遵循以下规律。

（1）面对一道数学问题时，应当从问题的整体角度分析，是否可以利用函数方程转换问题，运用字母当作问题中的变量，列出具体的方程式。

（2）当数学问题能够转换为函数方程问题时，则要考虑是否能够运用函数的基本性质、定理或者图像等形式，对数学问题进行转换，提升数学问题的解决效率。

（3）如果面临的数学问题不能直接转换为函数方程加以解决，则可以思考通过构造函数的方式，运用辅助函数方程解决数学问题。

（4）对于数学问题中列出的函数等式，是否可以利用解未知数的方式进行解决。当对函数方程求解的过程中，要对函数方程求出解的现实意义进行判断。例如，解的范围、正解或者负解等，舍弃不符合现实情况的方程解。

总而言之，整体上函数与方程思想是高中数学课程中的基础数学思想，也是高中生解决数学问题过程中运用频率相对较高的数学思想。因此，高中数学教师要加强对学生函数与方程思想的锻炼频率，促使学生逐渐习惯利用函数与方程思想解决问题，不断拓展学生的解题思维。函数与方程思想的合理运用，需要高中生学会将数学问题转化为已知问题，找出未知数之间的关系。在解决高中数学问题时，教师要锻炼学生的函数与方程思想，将不同类型的数学问题，通过转化的形式变化为函数问题，随后利用函数的性质、定理、图像等，有效解决数学问题。高中数学教师数学课堂授课过程中，要引导学生将未知问题转化为已知，不仅要运用函数方程，树立函数思想意识，也要培养学生独立思考的能力，不断提升高中生数学问题的解题能力和解题效率。

2. 函数与方程思想的应用实践

（1）在数列问题中的应用。基于函数的角度进行分析，数列属于一种特殊形式的函数。函数与数列之间不仅在概念上存在着相似性，二者本质之间也有着诸多相同点。因此，解决数列问题时，需要善于运用函数与方程的思想理解问题，提高数列问题的解决速度。

例如：等差数列 $\{\alpha n\}$ 中，Sn 是 $\{\alpha n\}$ 的前 n 项和，已知 $S_6 = 2$，$S_9 = 5$，则求 S_{15} 的值。

解析：本题直接运用等差数列求和公式可得 $S_{15} = 15$。

点评：通过上述例题，可以发现解决数列问题时，可以利用函数与方程思想对问题直接求解。从某种角度分析，可以将数列视为定义域为正整数 n 的函数方程。需要注意的是："数列"函数的定义域存在形式有着一定限制性，即正整数。对于数列的求和公式，则可以理解为函数 S（n）的函数方程。

（2）在不等式问题中的应用。不等式作为高中数学课程体系的重要部分，贯穿于高中数学大部分知识体系。相较于其他问题，不等式有着相对固定的格式。因此，不等式解题阶段，要求学生要不断拓展自身思维，结合函数与方程概念思考问题。

例如：解不等式 $X^2-X-6>0$ 式子中，X 的取值范围。

解析：可将式子转化为函数图像的方式，利用看图直观的方式，找到 X 对应的取值范围。因为令 $f(X) = X^2-X-6 = (X-3)(X+2) = 0$，可知 $f(X) = X^2-X-6$ 在 X 轴上有两个交点，分别为 $X_1 = 3$，$X_2 = -2$。画出 $f(X)$ 图像，观察图像可知，当 $f(X) = X^2-X-6>0$ 时，X 的取值范围是 $X>3$ 以及 $X<-2$。因此，转换为原不等式，则可得到不等式的解为 $X>3$ 以及 $X<-2$。

点评：面对不等式求解问题，可以直接利用函数与方程思想，将其转化为函数的图像问题。将抽象的数学问题以更加直观的方式展现，方便学生提高问题的解决效率。

（3）在应用型问题中的应用。随着高中教育改革的持续深入，现阶段高中数学题目逐渐与现实生活之间构建了紧密的联系。通过让学生在数学学习过程中不断分析现实问题，树立函数方程思想，促使学生能够在现实生活中遇到问题时，能够运用所学数学知识解决实际问题。

例如：已知 A、B 两处之间距离为 600 千米。有两辆汽车分别从 A 处出发前往 B 处。快车匀速行驶走完全程需要 10 小时，慢车匀速走完全程为 15 小时。现两车分别从 A、B 两处同时出发，相向而行，求车辆出发到两车相遇，两车之间的距离 $f(X)$ 与行驶时间 X 的关系，并给出 X 的取值范围。

解析：根据题意可知，快车的速度为 60 千米/小时，慢车的速度为 40 千米/小时。则可以得到 f（X）= 600-（40+60）X，当 f（X）= 0 时，两车相遇，时间 X=6 小时。因此，X 的取值范围为［0，6］。

点评：分析实际行程问题时，主要是寻找路程与时间之间的函数关系，通过确立 f（X）与 X 之间的函数方程式，将行程问题转化为函数问题。要注意 x 在实际问题中的取值范围，保证 f（X）的函数值具有意义。

二、高中数学的数形结合思想

数学的研究对象是现实世界的数量关系（数）和空间形式（形）。"数"体现了数量的关系，而"形"体现了空间的形式，数和形常常相互依存，抽象的数量关系常有直观的几何意义，而直观的图形性质也常用数量关系加以描述，数和形在一定条件下互相转化。在研究数量关系时，需要借助图形直观地去研究，而在研究图形时，需要借助数量关系去探求。数和形是研究数学的两个方向，数形结合可以使数和形统一起来。

数形结合是高中数学所蕴含的最基本的思想方法，运用数形结合解题就是在解决有关数量的问题时，根据数量画出相应的几何图形，将其转化为几何，即"由数化形"。

数形结合是数学中非常重要的思想和解决问题常用的方法，数形结合根据数学问题的条件和结论之间的内在联系，分析其代数含义的同时，又揭示了其几何直观。用此方法常常可以使所要研究的问题化难为易，化繁为简，思维广阔。

数学的研究对象是现实世界的数量关系（数）和空间形式（形）。人们在研究数量关系时，需要借助图形直观地去研究，而在研究图形时，需要借助数量关系去探求。数和形是研究数学的两个方向，数形结合可以使数和形统一起来。解决有关几何图形的问题时，根据图形写出相应的代数信息，将其转化为代数问题，即"由形化数"，从而利用数形的辩证统一和各自的优势得到的解题方法。

数形结合方法在解题的过程中应用十分广泛，它给我们解决问题带来一个全新的思路，由形想数，利用"数"来研究"形"的各种性质，寻求规律，可以从不同的角度培养思维的灵活性，简化解题的思路。数形结合思想方法应用时应遵循的原则具体如下：

第一，等价性原则。等价性原则是指"形"的几何性质与"数"的代数性质的转换过程应该是等价的，即对所说问题的图像表示与数所反映的数量关系应具有一致性。用图形解题是有一定的局限性的，在构图时经常存在着误差，若所画出的图不准确就会造成所讨论的问题解题失误。

第二，双向性原则。双向性原则是指既对其进行代数的抽象探索，又对几何图形进行直观分析，代数关系的表示及运算比几何直观的图形结构更具有优越性，避免了几何构图的许多局限性，反过来图形表示又更直观，这就体现了"形"与"数"的和谐之处。

第三，简洁性原则。简洁性原则是指数形转换时尽可能使构图简单合理，即使几何作图完整直观，又使代数计算简洁、明了，避免复杂烦琐的运算，缩短解题时间，降低难度，从而实现"化难为易，化繁为简"的目的，使之符合数学简洁美的要求，也体现解决问题的艺术性与创新性。

第四，量变到质变的原则。数形结合方法的教学，应当通过精心设计教学过程，有意识潜移默化地引导学生领会题中的数形结合思想，又由于数学思想方法是表层知识的本质和内在联系的反映，它具有更大的抽象性和概括性。为了概念与概念之间的联系和转化，力求让学生准确地掌握概念，认识本质，使学生在获得基本知识的同时，还能够善于发现各种数学结构、数学运算之间的关系，建立和运用它们之间的联系、转化和变换，领悟数学思想方法，以提高其思维能力，数形结合就难找到一种固定的形式，它体现的意识或观念也不统一。

第五，启发性原则。教师要引导学生循序渐进，注意向学生讲清概念的形成过程，有意识地利用启发性原则，用发展的眼光有目的地指导学生参与教学过程，从学生实际出发，由简到繁，由此及彼。启发学生形成科学的思维方法，激发学生的探索精神，掌握自我探究知识的方法。数形结合的启发性原则的关键就是鼓励学生提出问题、思考问题，运用数形结合方法启发教学是为了倡导学生独立思考。

第六，直观性原则。直观性原则是指不仅要求充分利用坐标及图形，还要在应用数形结合图形演示或者模拟列表的数学实验时，使抽象的数学概念直观化、具体化和模型化。例如，学习积分时，为学生介绍积分即面积的思想，以及黎曼用分割法求积分的思想，使学生对积分有直观明了的理解和掌握。

第七，实践创新原则。数学思想方法比数学知识更抽象，不可能照搬、复制，因此创新实践原则就是教师在教学中要改革传统的教学内容、教学形式，提出符合学生数学认知水平和规律的适度问题，悉心引导学生积极主动地开展探索活动，不断地经历直观感知、观察发现、归纳类比、空间想象、抽象概括、符号表示、运算求解、数据处理、演绎证明、反思与建构等思维过程，这些过程是数学思维能力的具体体现，有助于学生对客观事物中蕴含的数学模式进行思考和做出判断。学生需要亲自提炼数学思想，活用数形结合思想方法。

就数学问题的研究而言，如果问题的大背景是几何形式，则应该适当考虑一下问题的代数意义和代数方法，反之也是如此。综合考察问题的各方面特征，灵活地选用解题方法，甚至多种方法结合使用，问题解决的难度肯定会大大降低。数与形是数学中两个最基本的元素，是数学大厦的两块基石，所有的数学问题都是围绕数和形展开的：每个几何图形中都蕴含着一定的数量关系，每种数量关系也可以通过图形的直观性做出形象的描述。

在解决数学问题时，代数法与几何法是两种最重要的选择，但是不应该片面地使用某一种固定的方法。人们通常把条件和结论之间的数量关系和空间形式结合起来综合考察，使得代数法与几何法相辅相成，在对立统一中相互转化。这种思想方法称之为数形结合。

总而言之，数形结合是符合辩证法的，它可以为我们的数学研究带来思想和方法上的进步。数形结合就是把抽象的数学语言、数量关系与直观的几何图形、位置关系结合起来。抽象思维与形象思维的结合，可以使复杂问题简单化、抽象问题具体化，从而实现优化解题方法的目的。

第二节　高中数学教学思想的运用

一、高中数学思想的内沿与外延分析

（一）高中数学思想的内沿

就"数学思想"而言，它首先是一种文化。因此，为了探寻出数学思想的内沿，就必须先理解"文化"的内涵。通过资料收集整理分析，"文化"一词在中国的古语中，其含义是"以文教化"。在拉丁语中，其含义为"耕耘、培育"。对"文化"一词，至今都没有一个公认的、准确的概念。文化是诸多因素构成的复杂整体。从不同研究视角出发，文化有不同的定义。从哲学角度来看，文化是哲学思想的表现形式，随着思想的变革，旧文化也会被新文化取代，如文艺复兴；而从创新角度来看，文化是一切创新发明的载体。如今比较公认的文化的定义是：文化是人类在社会历史发展过程中所创造的物质财富和精神财富的总和。

但是高中数学当中蕴含的数学思想至今也没有一个公认的定义，国内外许多研究者从自己的研究视角对其进行了定义。例如：数学思想是一种理性的精神；数学是一种文化系统，数学即文化传统构成了数学思想。国内不同的研究领域，给出数学思想的不同界定，具有代表性的有：①数学思想就是数学共同体特有的行为、观念和态度；②数学思想是由数学家群体在认识数学以及互相交流中形成的一种相对独立、稳定的社会意义网络结构；③数学思想是指数学在其发展历程中形成的科学精神和思想方法；④数学思想包括科学的语言、严谨的思想方法，还包括美妙的艺术特征；⑤当人们将数学本身视为一种文化时，才能够称其为"数学思想"，高中数学可以增长人们的智慧，数学美可以陶冶情操，数学思想教育对人的发展起着积极的作用。

（二）高中数学思想的外延

随着研究的深入，数学思想的外延也拓展得很广。人们提到数学思想，通常会将其与数学史联系起来，很多人会认为数学思想就是数学史，即了解数学家的生平与贡献，与数学相关的故事或是有名的数学事件，著名的公式定理等。数学思想与数学教育教学的结合，在数学发展日趋专门化的形势下，能够拓宽人们的视野，给数学教育教学的发展带来更多新的启迪。

1. 数学课堂教学核心外延

（1）课堂教学的智慧价值。在万物的秩序中，自有教学的位置，自有教学的价值。教学的位置究竟在哪里；教学的根本价值又是哪些，对于这两个问题的思考与回答，直接关涉到我们对教学独特本质和根本价值的终极追问，这就是课堂教学的第一个核心问题，即课堂教学的生命意义与智慧价值问题。

第一，教学之教在于生命。准确地界定教学的位置，是揭示教学的独特性和对教学进行价值认定的基础。对于教学位置的理解，一方面，事物的位置是由时间和空间规定的；另一方面，事物的位置是通过与它共处的众多其他事物的关系来规定的。而众多教育关系中最根本的源头是人，包括个体的人的生命和整体的人的寿命（人类、国家、社会）。因此，时间与空间、个体与社会是界定教学位置的两个重要维度。

一是时间维度。在时间维度上，教学不仅是人类生命的一部分，而且本身就是人类生命的基本过程，它贯穿于个体生命的始终，相伴于人类生命得以传承与延续的整个过程。无论是个体生命，还是人类寿命，都必须面对生存和幸福两大基本主题。另外，人类必须应用自己的先天身体条件来适应环境，用知识和理智来谋求生存与幸福。为了更好地生存，人类必须不断提高自己对环境的适应能力、选择能力和超越能力。这些能力得来最直接、最快捷、最有效的途径就是教学。在这种意义上讲，教学本身就是学生的生命过程。

二是空间维度。在空间维度上，人类不能只依靠身体的本能力量来实现生存和发展，也不能直接从自然环境中索取。而教学是人获取社会历史整体经验最基本的方法。人类通过教学形成自己的生命，不断丰富生命的内涵，实现生命的价值，获得最终的幸福。人的需要、目的以及兴趣爱好会随着教学活动的逐步深入而不断丰富，人们的知识储备、理性和智慧也能得以提升，进而使生命的质量达到令人满意的水平。所以，以教学为核心的教育构建了人类生命的内容、实现生命价值的方法以及生命的质量。

三是社会维度。在社会的秩序中，教学也自有独特性。教学与其他社会实践活动的区别有很多，从分析的角度，教学的共同性可从教学的"属"中加以揭示，教学的独特性则可从教学的"种差"中加以揭示。从某个时间点上看，教学与经济活动等一样，都属于社会实践活动。教学包含主体、客体、目的、手段、结果，还具有客观必然性、主观能动性和社会历史性，因而具有社会实践活动的共同本质，学界也普遍认同这种观点。问题的关键在于教学的"种差"，即教学作为人类社会实践活动的要素与其他社会实践活动的根本区别。实践活动的本质是主体有目的地与客体之间能动而现实的双向对象化过程。教学与其他社会实践活动的区别，就在于作为社会必需要素的教学实践活动的目的、对象、内容以及方式、手段的性质不同，这种实践活动不是平面的，而是立体的；不仅是当下的，更是持续的。

教学的独特位置决定了教学的生命属性和生命意义。教学的根本职责在于对生命意义的追寻。这种生命意义的追寻指向于人生的目的与价值，指向于生命追求的终极，指向于一切关系的向善与和谐。

第二，生命之教在于心灵。教学实践活动是一种渐进、复杂的培育人的生命的活动，这种复杂性首先根源于教学与之相关的自然界中最精细和最敏感的东西，是人的大脑，是人的心灵，因而需要的是更多的保护、引导、启发、帮助、宽容和等待，这种培育人生命的活动乃是启迪和培育人的心灵的活动。那么，无论是教学的"体"还是"用"，其根本意义都不能在"器物""功利"的层面上被理解。那些在"器物""功利"层面上被视为"有用"的东西极易损耗，耗尽则灭；那些在"精神""本体"层面上被视为"无用"的东西不易损耗，反而更能够持续、再生和创造。此所谓"无用之处，是其"大用"。那些各种"有用"的东西只有当它们进入学生的兴趣、情感和思维，凝聚为个体生命的智慧和精神时，才有可能在学生的心灵深处相遇、融会贯通，共同充盈学生的精神世界，增长学生的生活智慧，提升学生的生命意义。

教学的主要内容是知识，但教学的主要目的不是使人简单、机械地接受现成的知识，而是借助知识活动激发和扩展学生的兴趣，丰富和升华学生的情感，启迪和提升学生的思维。教学活动主要是一种开启心灵、启迪智慧的心智活动。例如，雅斯贝尔斯在《什么是教育》中将教育分成三个层次：第一种是训练，它与训练动物相似；第二种是教育和纪律；第三种是存在交流。在他看来，真正的教育是人与人格平等的求知识获智慧的人进行富于爱心的交流。所有的知识活动唯有触及学生心灵的深处，与学生的兴趣、情感和思维产生碰撞和交融，教学才能将简单的知识学习活动拓展到学生的心灵世界和意义领域中。

第三，心灵之教在于智慧。教学活动也是社会实践活动的一种，与经济、科研等方面的活动相似，本质上来看都具有社会实践的属性。但是教学活动和其他类型的社会活动相比又有区别，它本质上是启发人们智慧和心灵的一种精神活动。教学活动的第一步是要教会学生知识，传授某种能力，这是教育活动最基础的部分；第二步是要培养学生的智力，促进学生智力发展，这在教学活动中占次要地位；教学活动最重要的任务是要启发学生智慧。换言之，就是以教会学生知识为基础，启发学生的智慧，帮助学生实现生命的价值，这才是教学活动最根本的意义。

（2）教师学科教材理解的范式。学科教材是学生学习与发展的主要载体和养料，教师的学科教材理解方式及其水准在很大程度上制约和影响着学生的学习与发展质量。那么，学科教材理解的教学意义有哪些；教师究竟是如何理解学科教材的；教师究竟应该如何理解学科教材等，所有这些问题，一起构成了课堂教学的第二个核心问题，即教师的学科教材理解范式问题。"范式"是指一个共同体成员所共享的信仰、价值、技术等方面的集合。范式是一种对本体论、认识论和方法论的基本承诺，是共同体成员普遍接受的一组假设、理论、准则和方法的总和。按此理解，学科教材理解范式是教师理解学科教材时普遍承袭和遵循的一套理论假设、价值标准、思维模式与实践框架。

第一，学科教材理解的意义。很多因素都会影响到课堂教学的有效性，其中教师对本学科教材的解读以及教学水平对课堂教学的有效性影响最大。根据不同的教学内容，选择与之相匹配的教学方法，可以使教学效果更好，但也只是达到要求，不能使之更加有效。如果教师能更深入地理解教材内容，就可以使教学效果不只是达标，而是变得更有效。实际上，无论何种形式的课堂教学改革，有一点要求是相似的，即教师对学科教材的理解应该区别于传统的教学。

第二，学科教材理解的研究。总体而言，目前国际上的相关研究主要集中在学科教材理解的取向、学科教材理解的视角、学科教材理解的维度和层次、学科教材理解的策略及方法以及转变学科教材理解方式的深度教学策略五个方面，其关注点大多聚焦于从多个视角和维度，以提升学科教学的深度和学生学习与发展的质量。

一是学科教材理解的研究阶段，具体如下：

第一个阶段是 20 世纪 50 年代至 90 年代末，在这个阶段，人们主要是在"双基"框架下研究学科教材的理解问题，包括不同学科中"双基"内涵与外延的界定、学科教材的知识结构、"双基"内涵和外延的拓展等问题，课堂教学的完整性、规范性和实效性则是所有研究的主要追求，其中的代表性成果有瞿葆奎的《教育学文集：课程与教材》、陈侠的《课程论》、张奠宙的《中国数学双基教学》、范印哲的《教材设计与编写》等。

第二个阶段是 2001 年至今，在这个阶段，国家新课程方案开始实施，人们探讨的主题是学科教材的深度理解和课堂教学的内涵、有效性问题。围绕这一主题，人们的研究出现了一些新变化：①突破"双基"的二维框架，从多个视角，全面挖掘学科教材的完整内涵和丰富价值，以提升教学的全面发展功能。②从教学的认识论基础出发，具体分析学科教材知识的内容维度、水平层次和整体结构，并由此揭示学生学科能力发展的内在机制。

③特别关注学科思想方法的分析与挖掘，探索深度教学的目标与实施策略。④将学科文化引入课堂教学，强调学科文化的挖掘与渗透。

二是国外关于学科教材理解的研究，主要集中在五个方面：①布鲁纳、施瓦布等从实质结构、句法结构和组织结构对学科的表层结构与深层结构进行了阐述。②布鲁姆、安德森等的教育目标分类学（修订版），从知识和认知过程两个维度，对学科教学的内容与目标进行了细致的分析。③M. 克莱因、G. 波利亚等对学科（数学、化学、物理等）思想方法的内容、类型、构成及其教学途径等问题做了大量的探讨。④舒尔曼、海德等从教学变革的角度，对教师学科理解方式的变革进行了强调和阐释。⑤戴维斯等提出"底层建构"策略，来探讨如何通过触及教师的隐性知识深度与宽度极限来激活和重构教师对学科知识的理解。

第三，学科教材理解的研究启示。归纳起来，国际上关于学科教材理解的已有研究为教师的学科教材理解实践提供了以下两点重要的启发。

一是精选。课堂教学的时间和空间都有限，在这有限的时间和空间内对学生未来的学习与发展产生影响是值得思考的问题，在理论层面上，教师对教材的内容要进行筛选和删减，从中选出最优质和最有价值的内容。课堂教学的质量与内涵和这些精选出来的知识息息相关，这有助于把目前使用的丰富的学科内容进行简化，使之成为更简单的命题，成为更有活力和经济的内容，以前的教师看待教材大多数是表面上的，而没有真正用心去发掘教材知识。这样就导致教师看到的只是教材的表面，只有深入发掘，才能看到教材的本质与内涵。具体而言，教材中最有价值的内容才能体现学科的本质，也是本学科最核心的知识。

二是整合。教学如果只注重表面的学科教材理解，就会导致学生无法从整体上认识学科知识，学习的内容是零散和繁杂的，没有整体性。这时教师要从知识、方法和组织结构等方面帮助学生理解和把握本学科教材的结构，对学科课程内容进行整合。

第四，学科教材理解的模型。模型是人们依据研究的特定目的，在一定的假设条件下，再现原型客体的关系、结构、属性、功能、过程等本质特征的物质形式或思维形式。按照表现形式，模型可以分为物理模型、数学模型、结构模型和仿真模型。其中，作为研究复杂系统的一种有效手段，结构模型是主要反映系统的结构特点和因果关系的模型。鉴于教师学科教材理解的结构性特点及其内部认知过程的复杂性，我们借助结构模型的思想方法，来探讨教师学科教材理解范式的心理机制。

一是前理解——学科教材理解的源头。所有的理解，包括教师的学科教材理解都是建立在前理解的基础之上的。前理解构成了教师学科教材理解的基础和源头。简单而言，前理解就是人们在理解过程中所具有或信守的先知、先见和先验。先知主要是指人在此前所知道的东西或者所拥有的知识，先见主要是指人在此前就已经具有的意见或见解，先验主要是指人在此前所拥有的经验和体会。在学科教材理解过程中，前理解主要涉及教师在本体论、认识论、价值论和方法论四个层面的先知、先见和先验。其中，学科教材理解的本体论涉及"学科教材是什么"和"学科教材理解是什么"两个问题；学科教材理解的认识论涉及"教师与学科教材的关系是什么"和"教师的学科教材理解何以可能"两个问题；学科教材理解的价值论涉及"什么样的学科教材理解最有价值"这一问题，其实质是"什么样的学科教材内容最有价值"这个问题；学科教材理解的方法论涉及"教师如何理解学科教材"这一问题。

首先，在学科教材理解的本体论层面，教师对于"学科教材是什么""学科教材理解是什么"两个问题的前理解主要有三种情况：①"成品说"—"实在论"。学科教材是完全独立于教师理解之外的"成品"，这些"成品"只需要我们去执行，而不是改造；学科教材是课程设计者为师生精心选择出来的客观实体，这些实体只需要我们去"看见"，而不是"发现学科教材是课程专家已经为我们选择出来的权威性知识，这些知识只需要我们去"接受"，而不是"建构"。②"素材说"—"主观论"。学科教材不是必须忠实执行的"标准"，也不是拿来就用的"成品"，只是一种用以引导学生学习的资源，是一种等待教师去开发运用的素材或材料。而且，学科教材知识本身并不一定是权威的，学科教材知识的权威性乃是它具有权威的育人价值。因此，教师应当基于自身的已有经验，充分发挥自己的主观能动性，对学科教材进行富有个性化的理解。③"文本说"—"复合论"。学科教材既不是"成品"，也不是"素材"，而是一种"文本"。作为文本，学科教材就是为师生敞开的一个意义世界，需要师生去解读和追寻其中的深层意义。为此，教师需要基于学生、基于自我、基于作者等多个视角，展开与文本的多重对话，达到对文本意义的整合性理解。

其次，在学科教材理解的认识论层面上，教师对于"教师与学科教材的关系""教师的学科教材理解何以可能"两个问题的前理解有三种情况：①"客体中心"—"客观符合论"。学科教材是独立于我们之外的客观实在，那么，学科教材只有被置放于客观的领域；而教师的主观理解只有被置放于主观的领域，才能确保学科教材理解的客观性。②"主体中心"—"主观建构论"。学科教材一旦与我们发生关联，进入我们的理解范畴，它就不是一种外在于人的客观实在。因此，教师在理解学科教材的过程中不仅无法避免个人的主观因素，而且要发挥自己的主观能动性，才能对学科教材进行深入的挖掘、解读和生发。③"主客融合"—"主客融合论"。教师与学科教材之间不是一种主客对立的分裂关系，而是一种主客融合的互动共生关系：一方面，教师对于学科教材的理解必须忠实于学科教材的文本本身；另一方面，教师对于学科教材文本的理解又必然涉及教师本身的主观因素。因此，教师在理解学科教材时既不是对现成的学科教材进行"复制"和"再现"，又不是基于自我的主观臆断，而是教师与学科教材的双向对话与交互融合。

再次，在学科教材理解的价值论层面，教师对于"什么学科教材内容最有价值"这个问题的理解可以分为两种类型：①"多维论"。随着新课程改革向纵深推进，课程教学目标开始由"双基"走向"多基"。在这种情况下，很多教师认为学科教材中包含了多种类型的知识，不同类型知识的价值也各不相同，因而在实践中很难说清哪种知识最有价值，而应该挖掘学科教材的多重内涵，发挥学科教材对于学生的完整价值。②"意义论"。受到建构主义学习论与哲学解释学的影响，少数教师认识到学科教材的文本属性，认为学科教材对于学生最有价值的内容就是其中的深层意义，完整而深刻地理解学科教材的意义系统则是学科教材理解的重点。

最后，教师在本体论、认识论与价值论三个层面的前理解，必然反映到他们理解学科教材的方法论认识上面。基于教师的本体论、认识论与价值论假设，教师对于"究竟应该如何理解学科教材"这个问题的前理解主要有三种情况：①忠实执行。持这种认识的教师认为学科教材不存在理解不理解的问题，教师最应该做的就是充当一个"工匠"，忠实地执行课程专家为我们提供的学科教材。②主观解读。持这种认识的教师认为学科教材需要理解，但是，由于教师在生活经验、成长经历、教育背景等各个方面都很不相同，教师之间很难达到对相同学科教材的一致性理解，因而学科教材理解其实是一个仁者见仁，智者见智的主观解读过程。③多重对话。持这种认识的教师认为，学科教材作为一个蕴含深层意义的开放性文本，需要教师基于文本，展开教师与学生、教师与作者、教师与文本等多种对话，并在视域融合中达到对学科教材的共识性理解。

二是理解——学科教材理解的心理过程。在前理解的基础上，教师正式对学科教材展开理解，这里的理解涉及三个核心环节（见表2-1）：

表 2-1 理解——学科教材理解的心理过程

主要环节	具体内容
个体建构环节	教师先运用自己的知识、经验、技能、能力、情感、态度等主体力量，对学科教材进行个体的建构。在个体建构环节上，教师的学科教材理解具体表现为若干双向转化的过程：①主体与客体之间的双向转化。一方面，教师确实将自己的知识、经验、技能、情感、态度等因素施加于学科教材上，形成关于学科教材的理解，从而改变了学科教材原有的结构和形式，这是教师主体向学科教材客体的渗透和转化，即主体客体化；另一方面，学科教材的内容和因素又会反过来制约和限定教师的个体性理解，同时转而变成教师知识结构、能力结构和情意结构的一部分，这是学科教材客体向教师主体的渗透和转化，即客体主体化。②部分与整体之间的双向转化。一般而言，教师对于学科教材的理解包含着一个整体—部分—整体的往复循环过程。③内化与外显之间的相互转化。教师对于学科教材的理解同时是一个内化与外显的相互转化过程：一方面，教师将学科教材中的经验、知识、技能、能力、情感与态度等各种因素纳入自身已有的知识结构、能力结构和情意结构，这是学科教材的内化；另一方面，教师又将内化而成的知识结构、能力结构和情意结构，通过教学设计、言语表达和实际运用等方式表现出来，这是学科教材内化的外显。正是通过学科教材的内化与外显，促进了教师对于学科教材的不断理解
多重对话	教师对于学科教材的个体建构主要是在个人的视域中展开，形成的主要是教师对学科教材文本的个人见解。这就会产生一个风险——理解的偏离。如果教师只是从自己的视域中对学科教材加以理解，就有可能导致三个结果：①偏离学科专家与课程专家的原意，形成的只是自己的主观臆断；②偏离其他教师对于学科教材文本的普遍性理解，形成的只是自己的狭隘理解；③偏离学生的学科学习实际，形成的只是自己的盲目理解。于是问题便接踵而至：如果教师转而去刻意追求学科专家与课程专家的原意，或者刻意保持与其他教师对于学科教材文本的普遍性理解，或者刻意拉近与学生对于学科教材理解的间距，这不仅不太可能，还会降低学科教材文本对于学生所具有的育人价值。因此，教师应该是基于文本的多向对话。根据哲学解释学的观点，学科教材作为文本，是向教师和学生敞开的一个具有自我生成能力的意义世界，而学科教材的意义又总是存在于特定的理解关系之中。这意味着，教师对于学科教材意义的理解，其实就是教师基于文本与学科专家、课程专家、其他教师和学生展开多重对话的过程。在这里，多重对话主要表现为教师与作者（学科专家与课程专家）、教师与教师、教师与学生在兴趣、情感、思维等方面的碰撞和交融

主要环节	具体内容
视域融合	所谓视域是指看视的区域，这个区域囊括和包容了从某个立足点出发所能看到的一切，教师在理解学科教材时，总是试图把自己的视域带入学科教材的视域，但是，学科教材又同时包含着学科专家、课程专家、其他教师与学生的视域。教师只有认识到自身视域与其他个体的视域差异，才能获得一种对于学科教材的最大一致性的整合性理解。唯有如此，教师才能真正把握住学科教材的意义系统以及学科教材对自身和学生所具有的意义，而这种对学科教材意义的把握正是教师与其他个体实现视域融合的结果。不仅如此，教师在这种视域融合的过程中，自己的学科教材视域也在不断地得到修正和拓展，从而不断地超越自身原有的学科教材视域而生成一个新的学科教材视域。正是通过这种视域融合过程，教师得以不断完善自己的学科教材理解，自己的精神世界也得以不断地提升

三是自我理解——学科教材理解的实践框架。教师对学科教材的理解的确需要经历多重对话与视域融合的过程，但是教师在学科教材理解时又总是从自己的视域去理解：既从学科教材的现成文本和学生的学科学习出发，又从自身出发；既从学科教材所处的特定语境出发，又从自身所处的特定语境出发。实际上，教师在前理解的基础上，通过对学科教材的个体建构、多重对话与视域融合，外在于教师的学科教材才转换为了属于教师自己的学科教材。由此，教师不仅最终实现了对学科教材的自我认识和自我理解，创造出了属于他们自己的学科教材新理解，而且实现了自我理解的不断建构和自我精神世界的不断提升。

综上所述，前理解、理解与自我理解构成了教师理解学科教材的基本框架与心理机制：前理解是教师理解学科教材的基础和源头；理解是教师对学科教材展开实际的理解。其中又包含个体建构、多重对话与视域融合三个核心环节；自我理解是教师最终形成的学科教材理解，其中又涉及目标、内容、行为和水平四个维度。

2. 数学课堂中的深度教学

（1）数学单元教学

第一，数学单元复习课教学。高中数学单元复习课在高中数学教学过程中具有十分重要的意义，它的存在不仅是数学教学本身的完整性的需要，还是高中生所在年龄阶段能力全面发展的需要，它可以更加系统结构化地将每个学期所学习的数学知识进行有效的归整，从而有利于学生更加深入地了解所学习的数学知识。此外，这种单元复习方法可以培养学生的归纳总结的能力，这对学生各个学科的学习都是十分有帮助的。但目前的高中数学单元复习课在实践过程当中还存在一些不足，使学校的复习教育达不到理想的效果。

一是单元复习课教学设计的问题：①教师在教学的过程中把过多的注意力集中在近期考试能否过关，这导致学生无法从根本上系统全面地掌握好数学知识，这种复习的方法虽然在一定程度上能让学生了解考试形式，但这种教学的方法使学生把过多的精力集中在对表面的模仿和操练，不利于学生从根本上掌握这些知识。②因复习时间有限，教师会自己帮学生勾画重点，这致使学生丧失了独立思考的机会，学生所记的知识也不深刻；学生逐渐养成了抄笔记的习惯而忽略了培养自己独立思考和探索的能力。③教学效率较低，教师不能够很好地应对学生们不同的思维方式，整理方法等。因课时有限，教师无法对每个学生的方法逐一解释，这使有些学生的疑问得不到解答。

二是单元复习课教学设计的原则（表2-2）。

表2-2 单元复习课教学设计的原则

基本原则	具体内容
基础性原则	注重单元教学知识在整个数学教学中所发挥的重大的作用。例如，在高中数学课本八年级第一学期中所讲到的"几何证明"，在这章所蕴含的知识点很多，具体而言包括命题与证明、证明举例、逆命题和逆定理、角和线段的平分线、轨迹、直角三角形全等的判定、直角三角形的性质、两点的距离公式、勾股定理等内容。这些内容看似很散，实则一点都不散。前面学的知识都是为后面学的内容作铺垫，所以抓好基础性的原则十分有必要
主动性原则	学生应自主地做好预习等工作，自主积极学习
针对性原则	教师应该在单元复习课教学过程中要根据自己已有的经验及考虑到每个学生的自身特点还有他们在复习过程可能遇到的问题做出指导

第二，数学个性化单元教学。个性化单元教学设计，顾名思义就是要在教学设计中体现个性化理念，根据现有教材以及标准中的要求，联合学生的具体差异对单元教学进行整体的优化和完善。设计要符合学生学习和成长的教学目标以及每节课的具体目标，要让教学模式适合学生的个性发展，要让教学目标促进学生个体的成长。

在进行单元教学的个性化设计时，需要注意单元设计是整体设计，除了要在设计的各个环节体现个性化理念，为学生呈现个性化的教学内容之外，整体上的设计还需要体现出一致性、科学性的特点，整体目标要始终围绕单元总目标开展，内部的小目标和总体目标之间也应该始终保持一定的关联。以上两点就是个性化教学设计需要注重的两方面。

高中阶段的数学学习已经体现出了更强的系统性、逻辑性，而且高中阶段的学生逻辑思维也有了一定的发展，这是学校能够进行单元教学以及个性化教学设计的前提。下面以"勾股定理"的教学为例进行探讨。

一是整体分析，优化单元结构。勾股定理既涉及空间，也涉及图形。在学习勾股定理这一单元的内容时，我们既要学习勾股定理，还要学习它的逆定理以及应用。勾股定理这个概念是对自然界规律的反映，它将直角三角形中每条边之间的数量关系明示了出来，而且这种关系揭示了图形和数之间的密切关系，它是非常重要的理论之一，而且助推了数学的发展，它也应用在很多领域中。在学习勾股定理概念以及它的逆定理的过程中，我们可以更深刻地认识直角三角形，这个定理在日后的代数学习中也需要运用。

在学习勾股定理之前，学生了解过直角三角形，所以，对勾股定理这一单元的学习是建立在学生以往的图形知识以及代数知识基础上的，它能够让学生获得更加丰富的数学经验，能让学生的逻辑思维提高一个层次。而且勾股定理的学习需要学生发挥自己的主动性，在高中阶段学生表现出的特点是思维活跃、争强好胜，他们在知识的学习上有非常强烈的欲望，想要在学习中表达自我，这非常符合勾股定理学习的需要。

二是精细设计，优化课时教学。课时教学设计需要在参考整个单元教学任务的前提下开展，不同的课时之间应该注重内容的连贯性，进行课时教学的设计时，要让整本教材内容都得到优化整合，能够让教学内容实现从点到面、从局部到整体的连贯。与此同时，不同的单元教学设计还要体现各个单元的特色，要满足不同学生的学习需求。在目标的设置上要将目标细化，教学模式的选择也应该满足个性化需求，学习任务也应该设置不同的层次。换言之，课时教学应该进行精细化的设计，具体而言，我们可以从两个方面进行课时教学的优化：①课时教学目标的设定。课时目标是对整个单元核心目标的分解，不同的课时之间形成了一个整体的目标体系，它们之间是连贯的，是为整个单元教学服务的。在设置课时教学目标时，不仅要满足学生对学习的个性需求，也要体现出目标的多样化，同时满足学生的基础学习需求和发展学习需求，还要让不同的教学目标之间有逐渐的递进性，还有连贯性，又要使整个目标的设置和变化符合单元教学的需求，也就是所有的课时目标应该形成一个整体的体系，覆盖整个单元的教学内容。②学习任务的设计。设置学习任务，对于教学而言非常重要，为学生留学习任务主要是为了让学生探究问题，进行更深层次的学习。

三是多元评价，优化评价方式。在评价个性化单元教学设计时，要从多个角度进行评价，当前教学改革非常注重学生是否发挥了其学习主体的作用，在进行评价时也基本遵照这一衡量准则。而个性化的单元教学设计本质就是为了实现学生的个性成长，为学生提供更加多样、更丰富的教学活动，而且也非常注重学生的多元性评价。在传统的学习过程中，学生评价主要使用的是考试成绩，但是现在的评价会涉及教师评价、其他学生的评价、学生的自我评价，而且在评价学生时，不仅会评价成绩，还会评价他的学习状态和学习态度。

在多元评价，优化评价方式环节中，应时刻把握四个方面：①注重过程性评价。教师要关注学生的学习过程，对学生学习中的状态做出评价，而且教师还应该发布学习任务，测试学生对知识的了解与吸收程度，也让学生通过测试了解自己知识的掌握存在哪些不足，教师要针对学生学习不足的地方进行及时的辅导。②作业的弹性分层。除了关注学生的学习过程之外，还可以通过检查课后作业的方式、和同学交流的方式来了解学生，对学生做出更加个性化的点评。作业检测能够真实地测试学生的知识掌握水平、学生的数学方法掌握水平。③单元测试的系统性。单元测试不是为了将学生放在不同的层次，也不是为了按学生的成绩进行排名，而是让学生和家长了解到学生目前的学习状态、学习需求，并且配合相应的措施，继续激发学生的学习潜能。④教学设计的评价。对教学设计进行评价需要建立科学的评价指标体系，依照科学的评价指标可以对各种各样的活动展开评价，而且评价指标的科学合理能够引导评价对象向着正确的方向发展。在进行设计评价时，主要从教学目标、内容、方法、模式、资源利用、氛围营造以及评价七个方面展开。

（2）数学有效性教学

第一，有效性教学的理论。

一是教学认识论。教学认识论是在对教学本质的追问中产生的，该理论的持有者认为：教学活动在本质上是人的认识活动，这种认识不同于一般的认识过程，是以学生为认识主体的特殊认识过程。教学认识的客体以间接经验为主，这类对象性客体是教育者根据教学认识的目标，按照一定的原则选择、建构而成的人类知识经验的特殊系统，也即教学内容，这些内容是关于客体的属性及规律的科学知识，关于活动尤其是认识活动的科学方法、道德与审美关系以及与活动相联系的价值经验等。在教学认识中还存在工具性客体，是表现、再现对象性客体的形式、手段或载体，也即教材、教具等教学媒体。

首先，教学认识论的特性。教学认识论有三个基本特性：有教师、以间接经验为主和发展性。有教师，强调了教师在教学活动中的地位是不可或缺的，学生要在教师的领导下进行系统的学习。教师在教学过程中处于主导地位，教师负责依据教育方针政策来把握教学的方向，教师也被赋予了权力，依据教学内容及学生情况来选择教学的方法，也就是决定学生认识的途径。以间接经验为主，是指学生在教学认识的过程中，主要以间接经验为学习内容。在教学中，间接经验以固定知识的形式存在于教材之中，形成系统的科学文化知识。发展性，是指教学关注学生的发展，正如教学认识论所指出的：发展主体是教学认识的根本目的和显著特点。

其次，教学认识论的方式。教学认识的方式指教学过程高中生认识活动存在的形式、结构及发展阶段。教学认识的主要方式是掌握，学生通过掌握教学内容获得认识的发展，学生通过接受式学习和掌握式学习两种具体的认识活动形态来实现对知识的掌握。在教学认识过程中，高中生需要经历从感性认识到理性认识，从具体到抽象，从抽象上升到思维的具体的发展过程。教学认识的特点体现为由教师传授到学生接受的过程中，伴随着观察、实验和实践活动，促使学生发现和探索。

最后，教学认识论中"学生为中心"的体现。教学认识论并没有明确提出"学生为中心"的观点，但是在其理论结构中，确有将学生的地位提升，具体体现在以下方面的具体论述中：①学生是教学认识主体。在教学认识活动中，学生是认识的主体，教学认识是学生的个人活动，具有特殊性，对特殊性的提出考虑到了学生心智尚未成熟，可能还是未成年人，因此教学认识活动应当有教师指导，进行有组织的、多样综合的认识活动及内容，教学认识受到社会性制约。同时教学认识论提到了学生作为认识的主体具有主观能动性，在认识活动中应当充分考虑学生主观能动性的发挥。②学生主体所包含的结构要素。智力因素、非智力因素、思想品德因素、身体因素和知识结构是存在于学生身上的结构要素，这些要素对教学有着重要的影响，对这些要素的关注则体现了对学生的关注，承认学生的认识活动即学习受到以上要素的影响是教学认识论学生观、学习观的一大进步。在非智力因素中，教学认识论关注了学习动机的存在，学习动机的引发、定向及情绪调整能够帮助学生改善学习，改变了以往的教学方式，是对学习主体的尊重。可见，教学认识不只重视认识活动的过程本身，还考虑到了学生的情意活动和价值体悟，强调了智力因素与非智力因素的相互协调与促进。

二是，教学实践论。

首先，教学实践论的特殊性。教学实践的特殊性主要表现在三个方面：①学生的实践活动是以认识客观世界、形成系统知识为目的的，属于认识性实践；②学生的这种实践活动是在教师的指导下进行的，可以少走弯路，这也是学生学习实践与成人生活实践的区别；③教学是一种简约化的实践活动，具有较高的活动效率。在中国新课程改革过程中，实践的作用得到重视，在课程标准中虽然没有直接提及教学实践论的理论内容，但多处提及对教学过程中实践的要求，这也成为中国学者对教学实践论研究的推动力量。

其次，教学实践论需要注意的问题。①教学实践论是对教学本质的再认识。教学实践论从认识论角度受到教学认识论观点支持者的反驳，教学认识论支持者认为实践是认识的一部分，是用来提高认识的，教学中的实践观点也是为了促进学生教学认识的发展。②应当避免教学实践论与教师的教学实践混为一谈。我们所探讨的教学实践论，是对教学过程本质的探讨，是研究学生获得知识与发展的过程与途径，而教师的教学实践特指教师的教学工作，是对教师教学工作实施的研究，如教师的教学实践机智、教师实践智慧等命题都不包含在教学实践论的研究范畴之中。③学生在实践中获得直接经验与学习间接经验的关系处理。教学实践论倡导学生通过亲身实践来获得体验，但不意味着学生的学习全部以直接经验获取为途径，间接经验的学习是学生掌握大量科学文化知识和技能的便捷途径，只是在学生获得间接经验的时候应当关注学生内化这些知识的手段，注重以实践的、活动的方式让学生的学习变成可以感知的过程，而不是机械接受的过程。

最后，教学实践论中"学生为中心"体现在以下三个方面。①教学实践论尊重学生的主体地位。学生是课程教学实践的主体，无论是教师还是新媒体设备都只能起到辅助作用。因此，在课堂教学中，为了体现学生的主观能动性，必须增加课堂实践环节，让学生主动发现问题、解决问题。②尊重学生个体差异，因材施教。教学实践论虽然将学生作为课堂学习主体，然而每个学生对知识吸收能力和逻辑思维能力各不相同，因此，在具体的课堂实践中难免会出现知识理解能力高低不一的情况。面对此种情况，教师除了要更改教学方式之外，还要重点关注学生的日常生活，通过对其生活体验的观察，因材施教。③教学实践论关注学生在生活中获得实践经验。对学生而言，其所有的实践课程体验主要来自课堂教学，只有一小部分与自己日常生活相关，然而，丰富的生活经验或多或少会对教师教学产生影响，所以教师在课堂情景实践教学中，可借助创设生活情境的方式，引导学生思考问题，解决问题，让教学实践更加生活化、日常化，学生也容易理解课堂教学的含义。

三是生活教学论。生活教学论严格来说并不能构成一种教学理论，它仅是一种教育思想或者说是教育观点。但在新课程改革中提出了要加强课堂教学与学生生活及现代社会的联系的要求，因此，"教学回归生活"的观点逐渐浮现并得到很多关注。

首先，陶行知的"生活即教育"。著名教育家陶行知先生承袭了杜威的教育思想，在中国提出了"生活即教育"的观点，此观点是陶行知生活教育理论的核心。在生活教育的观点基础上，陶行知提出了"教学做合一"的生活教学论。陶行知解释说"教学做合一"是"生活现象之说明，即教育现象之说明，在生活里，对事说是做，对己之长进说是学，对人之影响说是教，教学做只是一种生活之三方面，不是三个各不相谋的过程。教学做是一件事，不是三件事，我们要在做上教，在做上学"。陶行知的生活教学论是在特定历史时期针对特定对象提出的，当时中国为了扩大教学的普及面，陶行知提出将教学融入生活、在生活中进行教学的观点。

其次，"教学回归生活世界"观点。"教学回归生活世界"是当前生活教学论所倡导的观点，该观点包括：①教学回归生活世界的内涵。教学回归生活世界是指教学应当关注个体的生命价值和存在状态，尊重人的主体性、发展性和存在性，与学生的生活实际相联系，是源于学生已有生活，为了学生未来生活的教育活动。②教学回归生活世界的意义。教学回归生活是对教师与学生生活的关注，体现了人本主义教学理念，重视师生生活对教学的影响与作用，使师生进行的教学活动能够在生活中找到经验联结，使学生能够更好地与自身的生活实际结合，理解吸收教学的内容，并在生活中应用所学到的知识，使之深化巩固，教学回归生活是对生命意义及价值的肯定。③教学回归生活世界与生活教育的区别。教学回归生活世界并不完全等同于生活教育的主张，教学回归生活世界是倡导教育要体现生活价值、生命状态，在教学内容上与生活相联系，在教学目的上为生活做准备，在教学过程中体现生命关怀，重视师生教学过程的生活感受与生活体验。我们当前所提倡的教学是独立于生产活动的存在，是符合现代社会发展需求的，但绝不是脱离生活、与生活毫无联系的。而陶行知所主张的生活教育是将教育融入生活，与生活形成一体，彼此不可分离。

再次，生活教学论中"学生为中心"的体现。生活教学论将学生视为学习的主体，同时也是生活的主体，学生在生活的感受体验与经验积累对课堂教学的效果有着重要的影响，因此提倡教师重视将教学设计与教学内容整合等方面与学生的生活经验相结合，以便完成学生对学习内容的意义建构，促进学生的学习发展。生活教学论还提出，课堂教学不仅为学生当下的发展，还应当为学生的未来生活做准备，关注了学生的终身发展，是对学生主体地位认识的又一进步。生活教学论的研究者还认为，教学对学生的关注不仅是学生的生活经验，也包含了学生可能的、生活的幸福感受，也即教学过程高中生的生命体验，因而提倡教学要能够提升学生的生命意义与生活质量。

最后，交往教学论。包括：①交往教学论的观点。交往教学论认为教学要建立在师生亲密友好交往基础上。教学形式中师生交流方式应该是平等的、多元化的，双方都可以就一个观点各抒己见，让学生有表达的自由，这样一来课堂教学才能有成果，教学目标才有成效。交往教学论强调的是教师与学生平等相处，注重爱心教育，要经常利用课间参加班级活动。这样既可以和学生交朋友，进行情感交流，也可以用自己的知识辅助答疑，寓教于乐。视学生需要，激发其学习兴趣。课堂教学中，教师并非绝对的权威，每个学生都可以发表自己的观点、看法，师生之间互相交流，共同提升课堂教学成果。学生也在一次次的互助学习中，逐渐提升自己的思想水平。课堂上要充分调动学生自主学习的积极性，教师要围绕着学生展开教学，在教学过程中，使学生变被动学习为主动学习，让学生成为学习的主人，教师成为学生学习的领路人。师生之间互相尊重，共同探索课堂教学的意义。②交往教学论的过程。在课堂教学中要实现交往的目的，就应当有完整的交往教学流程，具体包括设计目标、交往准备、合作探究、交流互动、评价反馈等环节。③交往教学论需要注意的问题。交往教学论当前在中国的新课程改革中占有重要的理论地位，它指导着课程与教学的诸多方面，是新课程改革中关于学生学习方式变革与教学方式变革观点的支撑理论。

综上所述，在这些教学理论中，其中不免有重叠的观点，也会有相互包含的特点，如教学实践论中包含着建构主义的思想，教学认识论中包含着交往理论的思想等，这是因为在各个理论形成与发展的过程中积极地从当时最为先进的哲学、心理学等学科中汲取有益成分，最终完成了其理论框架。虽然各个理论强调的重点不同，但在理论基础相通的情况下，就难免出现相近的理论主张。当然如果仔细推敲，有些内容仅可称为教学思想或流派，这些教学理论对课堂教学有着重要的指导意义，对本国乃至世界各国的教育、教学都有着深远的影响。我们不能简单评述哪种理论更好，因为它们在不同时期、不同条件下都对课堂教学起到了积极的指导作用，并在相当程度上对学生的发展起到了促进作用，并且各个理论的教学主张都有其有意义的内容，至于其不足与缺憾也会在教学实践中逐步显露并得到修正。此外，这些教学理论、教学思想或流派并不是完全独立的，它们之中有些内容是相互包含、相互支撑的，各个观点不是对立关系，只是强调的重点不同。因此，我们也不必强调哪种理论更好，在学习及使用这些教学理论的时候，我们应当与教学实践相结合，针对不同的学科、学段、内容以及学习主体结合不同的教学理论指导教学实践。

第二，有效性教学的阶段。

一是准备阶段。教师若能设置具有启发性或者趣味性的问题或故事，开讲时就创设悬念，学生就会被激起求知欲望，从而创造良好的学习氛围，为授课的成功奠定良好的基础。导入的好坏对一堂课的成功与否往往有着重大的影响。教师应该用最精练的语言，以最短的时间，选用最有效的方法，把学生的情绪调整到最佳的学习状态，这一环节也是学生认知过程的心理需要。在教学活动开始之际，学生普遍存在上好课的心理，但是这样的时间既强烈也短暂，利用这样的机会帮助学生尽早进入上课的状态很有必要。例如，利用电视拍摄的运动员跳水的画面，让学生充分感受当观察事物的角度不同时，对事物的认识也会不同，从而引入"从不同方向看"这一学习课题，通过生活化的事例引入，激发了学生学习的兴趣和热情。

不同的数学内容需要设置不同的教学情境，在课堂教学中教师应选择相对学生最为直接、易于接受的情境，为学生搭建一个良好的学习平台，引导学生参与探究问题的过程，让学生感悟和掌握数学的思维方法和策略，促进数学的学习。

二是实施阶段（见表2-3）。

表2-3　数学有效性教学实施阶段

教学方式合适，培养学生能力	新课程的实施带来了课堂教学的众多变化，它强调教学过程是师生交往，共同探讨的互动过程。师生共同交流活动已成为课堂教学的主流，于是课堂越来越多地出现了合作学习的局面，似乎所有教师的公开课上都得出现小组合作这一环节，否则就是有缺憾的。但小组合作也并非适合所有课的教学，如在进行"一次函数图像"性质教学时，就没有必要加入小组合作，因为这部分内容更强调自我对图像的探索和挖掘。单纯的小组合作仅仅让学生的讨论流于形式，起不到深入研究培养探索性的作用

提问准确高效，开拓学生思维	数学的过程本身可以看成是提出问题和解决问题的过程，提出问题不仅是解决问题的基础，而且解决问题本身就是通过不断提出问题的过程组成的。数学教学尤其是课堂教学就应该是以解决问题为核心展开的教学，是师生双方共同设疑、质疑、释疑的过程。课堂提问则是数学课堂教学展开的重要形式，是思维训练的必要方法。提问要具有准确性和高效性，教师在提问时要准确、具体，提问刚起步时要给予宽广的范围，让学生能够充分拓展思路，当教师期望学生能够回答得更准确时就可以把问题的宽度变窄，让学生更有针对性地回答问题。另外教师在提问时要注意语言动作神态的亲切，给予学生充分的鼓励
练习优化多样，提高整体效果	优化练习设计，提高学习效率，让数学练习真正发挥作用，从而促进学生知识和能力增长就显得尤为重要。设计时注重教学内容的拓展和在知识体系中的承前启后的作用，适当安排"一题多解"的习题，有计划地安排一些开放题，拓展学生的解题思路，提高运用知识的能力。同时注意练习的多样化，可以采用个别问答、抢答，小组竞赛的方式调动积极性。在进行练习设计时考虑到不同层次学生的情况，进行分层次作业或弹性作业，在练习数量和质量上，给学生机动空间，做到"一般学生巩固，好的学生吃饱，整体提高"的教学效果

三是评价阶段。作为教师要让自己的教学具有高效性，就得转变观念，将评价看成两个层面：一方面，教师对学生的评价，在新课程标准中，提倡将教师对学生的评价从"甄别"走向"发展"，可以采用记录学生各种进步，反映学生参与课堂教学过程和解决问题的思考过程的"档案袋评价"等；另一方面，学生对教师的评价，要及时听取学生对教师课堂效果的评价，不断改进教学方法，这样才能真正做到教学相长，实现教学的高效。

总体而言，数学因其具有陶冶情操、提升思维、激发灵感等特质，在素质教育中有着特殊的作用。数学对人的可持续发展意义重大。数学具有重要的文化价值，可以使人们更好地适应日常生产生活；可以培养人的逻辑思维能力以及问题解决能力；可以培养人用数据说话，实事求是的学习态度；可以使人多角度，全面地思考问题，锻炼学生的思维能力；可以陶冶人的情操，使之形成审美情趣。学生通过数学的学习，可以形成良好的数学素养，这为其一生的可持续发展奠定坚实的基础。数学思想研究打开了透视数学和数学教育的更为广阔的视角。数学思想在信息社会下，要求学生用数据说话，一切结论都必须经过严格的数据推理。数学思想的教学设计，其数学模型的建构要正确合理地运用信息科学。

第三，数学有效性教学的教学设计。

一是数学教学活动设计。

首先，情境性教学活动设计：①情境性活动要尽可能贴近学生的生活实际，关注学生的生活世界，重视学生的亲身体验，让学生真切地体会到数学来源于生活，数学就在我们身边，从而对数学产生亲切感。②情境性活动要为本节课的教学内容服务，为达成教学目标奠定基础。③情境性活动要蕴含明确的数学问题，便于让学生经历和体会数学学习中"问题情境—建立模型—解释应用—拓展"的过程，强化数学应用与建模意识，提高发现问题、提出问题、分析问题和解决问题的能力。④情境性活动可以适当借助一些现代教育技术手段辅助进行。在情境性活动中，都可以采用现代教育技术手段模拟呈现情境，促进师生之间的交流、合作，为学生提供更多动手、动脑的机会，充分挖掘学生的潜能，展示学生的创新能力。⑤情境性活动的设计要注意把握度。情境性活动是教学的"土壤"，是教学的种子赖以生存的环境。因此，教学的种子埋在情境性活动的"土壤"中的深度非常重要。过分追求情境性活动，会淡化数学内容的正当性教学，导致缺乏数学的深度和广度，甚至忽略对数学的一些本质问题的教学；反之，不重视情境性活动的教学设计，会使教学的种子在贫瘠的土壤中生长，缺乏丰富的养分。⑥情境性活动的设计要注意多样化。不同的内容、不同的时机、不同的对象采用不同的情境性活动方式，让学生不再对数学下"枯燥、抽象、单调、难学"的定义。

其次，探究性教学活动设计。按《牛津英语词典》的定义，探究是探索知识或信息特别是求真的活动；是搜索、研究、调查、检验的活动；是提问和质疑的活动。按《汉语大词典》的解释，探究是指"探究研究"，即努力找寻答案、解决问题。按《辞海》的解释，探究是指"深入探讨、反复研究"。探讨就是探求学问，探求真理和探本求源。探究包含两个过程，即"探"的过程和"究"的过程。"探"包括解题思路的探寻、数学规律的探索、数学问题的探讨、问题结论的发现、数学猜想的提出、数学命题的推广等；"究"包括数学规律的确证、数学问题背景的追查、数学对象之间逻辑关系的追究、数学问题结论的验证、数学猜想和命题推广的证明等。探究性数学教学活动设计需注意四个方面(见表2-4)。

表2-4　探究性数学教学活动设计的注意事项

注意事项	具体内容
找准探究问题	问题是探究的出发点，没有问题，探究活动无从谈起，没有价值或没有思考力度的问题也无法实施探究过程，开展的活动难以诱发和激起学生的探究欲。因此，找准探究问题对设计探究活动至关重要。寻找探究问题要站在学生的思维角度进行，预计数学活动中可能会出现的思维"拐点"，造成学生悬而未决但又必须解决的问题点
探究的针对性	找准探究问题是探究的起点，按照这个起点，要围绕学习主题和学习过程开展有针对性的、一系列的探究活动，设计探究性数学活动要预设探究线路和预料多种情形，总体上把握探究的方向。针对所要完成的教学目标，不同的探究活动完成的目标有所不同，教学设计要制订不同的计划，采用相应的过程和方法

续表

注意事项	具体内容
探究的真实性	开展探究的问题必须是学生真实遇到的数学或生活中的问题，而不是脱离学生实际或超出思维水平的问题，或者纯粹是学术上的抽象问题。只有这样，学生才能以自然的、积极的状态投入探究过程。在探究的过程中暴露教师和学生真实的思维过程，保护学生的思考和展示的积极性
方式的多样性	数学的探究活动应该保持思维活动的开放性，鼓励学生从多角度探究问题，因此，在设计探究活动时应考虑以多种方式进行，以此激发学生学习的主观能动性，引发学生积极分析和思考，让他们能够主动地从探究的一个阶段过渡到另一个阶段，从一种方法联想到另一种方法，这样可以慢慢打开学生广阔的思维空间，促进学生自主探究

最后，认识性教学活动设计。在数学教学活动中，很多学习活动本质是认识活动，即学习数学概念，如几何对象、数学概念等，形成数量关系、概念认识、符号意识和发展空间观念。认识性活动能够为后期学习打好基础，积累学习知识和活动经验。教师要采取合理的策略设计数学活动，让学生的经历更加丰富，使学生认知实现从具体到抽象、从感性到理性、从现象到本质的提升。

二是认识性数学教学活动的原则。在认识性数学活动中，要特别遵循三个原则：①现实性原则，利用感性材料将学生现有的知识和经验结合起来设计活动，培养学生的"数学现实"；②科学性原则，从数学的本质出发，教师采用数学表达的方式让学生理解数学概念，寻找新概念和旧概念之间的联系，建立二者的关系，培养学生透过现象看本质的认识；③应用性原则，学生在实践应用习得的知识，夯实基础，有利于今后数学水平的提升。

除此之外，教师要培养学生实现两个条件来认识数学：①学生要具有归纳和概括能力，找出不同事物或者事件的共同特征；②学生要有辨别的能力，能够找到概念之间的相同或者不同的标志，这有利于学生对概念进行分类和区分。上述两个条件是对学生从事认知数学活动的要求，学生只有具备基本学习能力才能进行数学认知活动。教师在教学过程中，主要起到点拨和引导的作用，建立数学活动情境，组织学生有序地开展活动，调动学生的积极性，让学生学习更多的数学知识。

三是认识性数学教学活动的步骤与策略。数学中认识性活动有多种对象，包括数学概念、几何对象、数理关系等。下面以概念形成过程为例，分析认识性数学活动设计的一般步骤和策略。

首先，创设情境，形成表象——"变化"图示。认识性数学活动其实就是情境性活动的一种，情境性活动能够将学生已有的认知经验激发出来。所以，教师应该先建立合适的活动情境，激发学生已有的认知经验，这样就能够保证学生在熟悉的场景中认识数学对象，有利于学生的学习。教师可以通过游戏活动、物品展示、提问问题、趣味故事和手动操作的方式来建立活动场景，同时，教师引导学生在活动中认识数学对象，学生实现了初步学习的目的。

其次，抽象特征，初步理解——"固化"表征。概念教学的第一步是提出概念，帮助学生从感性认识到理性认识，建立科学的概念。教师引导学生建立感性认识的同时，还要进一步对概念进行解读，将概念的抽象特征传递给学生，上一步是让学生在大脑中形成概念的表象，这一步则让学生学习概念的特征。

再次，突出关键，解决问题——"深化"探究。在第一步的学习中，学生能够认识和了解概念。但是，这种认识是浅表的、片面的，学生对概念的理解缺乏准确性，无法掌握概念的关键因素和本质内容。教师要从正反两个方面设置问题，让学生在解决问题中，加深对概念的理解，掌握概念的重点和难点，让学生更全面、更深刻、更准确地理解概念。

最后，实践应用，巩固理解——"强化"认知。概念的理解从本质上而言是一种心理活动。学生初步学习概念后，还要对概念进行由浅入深、透过现象看本质、由浅入深和去粗取精的深入学习，对概念进行加工、概括和深化的学习。教师可以设计一些实践活动加深对概念的理解，或者设计一些问题，让学生在思考和解答过程中加深对概念的认知。

教师要按照程序设计认识性数学活动，即由表及里，从现象到本质，由抽象到具体，从感性到理性，从理解认识到实践应用的逻辑过程，要按照学生认识事物的规律开展教学。教师要将数学本质和高层次的数学思维渗入认识性数学活动中，也就是教师要重视数学的本质。

（3）数学对话式教学。深度教学不是远离学生心灵的教学，一定是触及学生心灵深处的教学。因此，对话式教学才能触及学生心灵的深处。

第一，对话式教学产生的原因。教育是心灵的艺术，教学是心灵的启迪，教师是人类灵魂的工程师，凡是与教育有缘的人都熟悉这些名言和说法。在实际的教学中，学生心灵沉睡的现象不在少数。归纳起来大致有三个方面的表现：①"无心"现象。教师的教学与学生的心灵无法相通，难以引起学生心灵的共鸣与回应，致使教师的教学与学生的心灵处于两相平行而很少相交。此时的课堂奔跑于学生的心灵之外，自然就会产生学生注意力涣散等现象。②"走心"现象。教师的教学与学生的心灵世界有些关联，偶尔会引起学生心灵的共鸣与回应，但终究未能走进学生心灵的深处。此时的课堂止步于学生心灵的表层，很少触及学生深层的需要、兴趣、情感和思维，自然就会产生学生难以持续投入等现象。③"偏心"现象。教师的教学单纯强调学生心灵的理性部分，很少关注学生心灵的情感、精神部分，教师的教学单纯强调学生的逻辑思维，很少关注学生的感知与体验、直觉与领悟。在这种情况下，课堂将学生心灵的理性部分置放在课堂的绝对统治地位，学生心灵世界中更具有生命本源意义的部分却被放逐在课堂之外。长此以往，教学非但不能建构学生的意义世界和生成学生的精神整体，反而会使学生的意义世界和精神人格不断陷入干涸和贫乏。一旦教学做出了唤醒学生心灵这个庄严的承诺，我们就该努力去践行之。然而，课堂教学中存在的"无心""走心""偏心"现象又说明教学并没有能够兑现它的承诺，这主要有以下原因。

一是教学本质问题的认识束缚。教师对于这个问题的认识与回答，必然会对教师的具体教学实践起着根本的导向和规范作用。长期以来，我们主要是在认识论（实践认识论、社会认识论或建构认识论）的框架下来揭示教学的本质，由此产生了特殊认识说、认识—实践说、认识—发展说、交往活动说与建构活动说等基本观点。与此相适应，处于第一线的教师很容易将教学理解为一种纯粹的知识活动。在这种情况下，教师自然难以从"心灵"的高度来理解教学的本质，所谓"教学是心灵的唤醒与启迪"等观点顶多只是教师用以粉饰自己职业的美丽辞藻，或者只是教师教事之余的感想与议论。

二是学生心灵世界的难以言说。教学之所以难以走进学生的心灵世界，难以成为唤醒和启迪学生心灵的艺术，其中还有一个原因就是心灵世界本身的难以言说性。

第二，对话式教学的问题情境。设计问题的情境主要涵盖了触发问题、唤醒问题和建构问题。从事物发生的状态来看，问题情境的产生能触发学生、唤醒学生，并且让学生内心世界不断地得到建构和充实。在问题情境设计的基础上，和学生及时沟通能建立起教师和学生之间的心理桥梁，这种教学也被称为对话式教学，通过这种方式不仅可以让两者的思维不断地碰撞，也在构建着学生的内心世界。总而言之，对话式教学能在问题情境创立的基础上，达到很好的效果。

一是学生心灵的触发器——问题情境。怎样的问题情境才能触及学生心灵的深处，基于大量的课堂范例，能够触及学生心灵深处的问题情境通常都能够引起和激发学生的注意力、好奇心、求知欲、探究欲和共鸣感等。具体而言，教师可以采用以下方法来创设尽量精妙精当的问题情境（见表2-5）。

表2-5 问题情境的创设方法

主要方法	具体内容
以真实生意义	问题情境的创设需要从学生的生活实际出发，尽可能让学生在真实的问题情境中展开学习，使学生真正感受到自己是在学习有实际意义的知识，真正体会到知识与生活的密切联系
以新奇激兴趣	但凡新奇的事物都能激发人的兴趣，容易引起学生的好奇与思考。教师要善于捕捉课程教材中的新奇处，进而创设出尽量新奇的问题情境

续表

主要方法	具体内容
以真切动真情	生动形象的场景和真情实感容易引发学生的情感体验和情感共鸣，产生以情动情的效果。教师在创设问题情境时要善于做到情真意切，用情感架起沟通交流的桥梁，从而促进学生的主动参与和情感投入
以困惑启思维	当学生遭遇困惑时，内心就会产生一种不平衡的心理状态。为了解除和恢复心理上的平衡，学生便会产生深入探究的欲望和冲动。教师要善于通过问题情境创造困惑，使学生产生认知冲突

二是触及学生心灵深处的教学途径：对话式教学。借助问题情境，教师便可以采用对话式教学，不断地触发、唤醒和建构学生的心灵世界。从操作上讲，教师可以根据教学实际，分别采取问题讨论、论题争辩、成果分享、角色扮演和随机访问五种对话教学方式：①问题讨论式，这种教学模式是让学生在课堂上发现问题，并且根据这个问题进行沟通讨论，并商讨出最后的解决办法；②论题争辩式，这种对话教学一般都要形成正反两个论题，由此让学生自己分为正反方，让学生通过辩论赛的形式真正地理解知识；③成果分享式，这种教学模式主要在于让学生在完成课后作业的基础上，敢于分享自己的学习结果，达到分享的目的，让学生学会自我反思和团队协作；④角色扮演式，这种教学模式重视学生对相应角色的互换，而体验不同角色可以让学生体验到沟通的重要性，最后学会相应的知识；⑤随机访问式，这种教学模式能够让学生自发地、主动地从不同的角度，发现更多的问题，形成多种的学习方法，培养学生的合作交流能力，使其能够对学习的知识有深刻的印象。

（4）数学阶梯式教学。教学贵在循循善诱。教师要善于引导学生由浅入深地认识事物，最终达到穷理尽妙、慎思敏行的学习境界。"阶梯"的原意是指台阶和梯子，人们常常用以比喻向上、进步的凭借或途径。单纯依靠我们的经验就知道，阶梯所具有的基本特征便是它的层次性。借用到教学之中，所谓阶梯式教学，就是指教师基于学生学习与发展的现实水平，将教学活动整合设计成具有层次性的学习阶梯序列，以引导学生不断提升学习与发展水平的教学模式。

单从学生的思维建构过程来看，当下课堂教学普遍存在三大问题：①缺乏连续性，即强制性地中断学生的思维建构，致使学生的思维建构没能在一个连续、完整的过程中充分展开；②缺乏纵深性，即不自觉地将学生的思维建构限定在一个水平线上，致使学生的思维建构没能向尽可能高深远的层次推进；③缺乏挑战性，即习惯性地低估了学生思维建构的能力和潜力，未能更有效地挑战和挖掘学生的学习与发展潜力。正是出于对这三大课堂教学问题的反思，我们才格外强调采取阶梯式教学来实现课堂教学过程的连续性、纵深性与挑战性。

第一，阶梯式教学理念。基于知识、学习与发展所具有的层次性，可以从以下方面，提炼和归纳阶梯教学背后所蕴含的理念与思想。

一是知识即由知到识。按照一般的理解，知识是人们对事物的一切认识成果，这是一种广义的理解。从词源上讲，"知"作为动词是指知道，作为名词是指知道的事物。"知道"等同于晓得、了解之义。但在古人看来，所谓"知道"是通晓天地之道，深明人事之理，此所谓"闻一言以贯万物，谓之知道"。"识"包括辨认、识别等意思。如果"知"主要是指认识层面的通晓世道和深明事理，那么"识"则将人的认识拓展到实践的层面，与人的分析判断与实际问题的解决密切相关。由此观之，"知识"不是简单的晓得、了解，唯有达到事物之深层道理的把握，并付诸实际问题的解决，方能叫作知识。我们强调阶梯式教学，就是要引导学生超越知识的表层，去把握事物背后所蕴含的深刻道理，以穷其事理，尽其奥妙，最终使自己能做到慎思敏行。

二是教学即持续助推。教学，始终都要为学生的发展开路，始终都要走在学生发展的前面，始终都要给学生创造不断学习与发展的台阶，始终不断地帮助和推进学生的发展变化。作为学生学习与发展的助推者，教师始终要做的最重要的事情，便是给学生提供动力、提供机会、提供方法和提供支架，全力助推学生向更有深度的学习和更高水平的发展迈进。

第二，阶梯性活动设计。

一是从学习过程到形成概率水平。从知识的五个层次可以看出学生学习的过程一般都是从概念的形成，慢慢地形成自己的思想，最后形成自己的知识结构。这是阶梯性活动设计的一个办法：学习过程—形成概念—形成办法—形成思想—找到价值。

二是从开始认识到悟性认识。我们可以根据学生的思想层次发展看出他们的认识发展都是要经过开始认识然后到悟性认识，最终构建自己的知识框架，这是阶梯性活动设计的第二个办法：开始认识—理性认识—悟性认识。最初，开始认识就是学生最开始只能看出事物的一些表面现象，对其只能达到最初步的认识。学生通过学习，将没有关系的对象进行联系与结合，看出里面的相似点，对事物的规律现象能有进一步的认识。而理性认识就是学生可以看出事物的本质特征，而且已经有了自己的判断能力和认知能力。悟性认识就是学生在前面几个过程的历练中，可以有自己的思维模式和解决问题的办法。

三是从个案学习到活化学习。根据范例教学论的基本观点，学生的知识学习需要经历一个从个别到一般、从具体到抽象、从客观世界到主观世界逐渐深化的过程。鉴于此，可以将教学过程分成四个环节：①范例性地阐明"个"的阶段；②范例性地阐明"类"的阶段；③范例性地掌握规律和范畴的阶段；④范例性地获得关于世界和生活经验的阶段。

四是从独立学习到挑战学习。根据学生的发展状态，学生的发展需要经历一个从已有水平到现实水平，最后到可能水平的变化过程。相应地，可以将学生的课堂学习分为独立学习、协作学习、集体学习与挑战学习四个层次。

第三，阶梯性活动支架。阶梯性活动就是给学生提供一个学习的模式场所，依靠这种场所，学生的学习能力能不断地提升。就像建筑工程里面的房子结构要用支架来支撑，学习和发展也需要支撑。所以，我们必须给学生提供学习发展和提升的平台与支架。

在建筑工程中，"支架"是一个专业词语，是一个构架的支撑点。在教学中，"支架"则变成了提升学生水平和能力的一个平台。我们可以根据现有的资源，将支架归为两种类型：主导型支架和支持性支架。所谓主导型支架就是教师采用科学的办法来督促学生学习；支持性支架是对于学生在学习过程中所产生的一些需要，教师能起到支持和帮助作用。

一是主导型支架的设计。根据教学的实际经验，教师可以采用"以追问促探究""以交流促理解""以概括促整合"和"以实践促反思"四个方法，来设计主导型支架以促进学生的阶梯性学习。

二是支持性支架的设计。根据学生学习的实际需要，促进学生阶梯性学习的支持性支架常常包括问题、情境、概念、图表、模型、案例等工具和手段。

（5）数学理解性教学。教学过程中不应该只看到其"功利"和"实用"的价值，这样很难和学生之间建立起教学的桥梁，这种课堂下的学生对学习会毫无动力，他们也不能认识到学习的意义，所以学生也就很难找到自己的人生价值，发现自身的精神世界。我们必须通过深度教学来解决这些存在的问题，这样才是具有构建意义的教学。此外，学生能通过理解来找到建构意义的根本，因为建构意义就是围绕着理解展开的。

第一，理解性教学意义的组成。教师在教学过程中应该指引学生组建意义。但是很长一段时间，在课堂中占据主要地位的是知识，这种环境其实阻碍了知识引导对学生内心世界发展的根本意义。我们应该重新认识课堂环境下知识所存在的意义以改变这种现状。换言之，剖析知识的意义，我们可以从两方面出发：一是有用的知识，知识有很多用处；二是无用的知识。课堂知识是一种权威的存在，可以在一定程度上实现学生心灵的发展，所以它具有价值意义。换言之，课堂上的教学并不是简单的知识累积，它更深层次的要求在于以知识积累为基础，去实现学生的心灵意义，丰富学生的内心世界，让学生能够找到自己存在的价值。所以，我们在实践的过程中，应该认识到知识和生命的关系，从而去掌握"意义构建"的全部意义。

根据意义的三重内涵（事实维度、价值维度与精神维度），可以将课堂条件下学生建构起来的意义体系区分为两个层次：①知识层次的意义，即借助知识学习而获得的关于世界和事物的意义；②生命层次的意义，即经由知识学习而获得的自我的生命意义。

总而言之，意义的现实缘由围绕着"成物"和"成己"来展开，也是意义组成的过程。详细而言，就是人内心深处都具有向往性，才能对这个世界有所认识和完善。在认识和完善的过程中，离不开心智和心事两大载体的依托，这样一来能对事物有准确的掌握，并且从价值意义出发发现事物的本质特征，从而认识到世界和事物的存在价值。但是，人在认识世界的同时也存在于整个世界，在完善世界的过程中也在不断地寻找着自我。在寻找自我的过程中，人们发现自己并不断地追求自我价值，由此便慢慢地找到生命存在的意义，这个过程我们可以认为是"内求成己"。

第二，意义的心理暗示：理解。意义对人为何存在做出了解答，而理解则是对人存在的方式给出了答案。我们可以从心理机制出发，理解就是意义在内心深处慢慢建立的根本存在。理解其实是一种心理活动，也就是通过表面看清事物的意义的过程，也是慢慢剖析人们心理的一种结果。但是不管是在外部环境还是自我的价值上，理解只会通过学生的内心在心智和心事不断结合的过程中完成组建。所以理解其实就是掌握一种事物的深刻意义，我们也可以将理解看作很多方向不断循环的过程。

不过所有的理解都是建立在先前理解的基础上，先前理解可以看作理解的出发点和源头。简单而言，先前理解有三个因素：①本体先发所具备的心理框架；②主体先发所理解的心理内涵；③主体先行的思维模式，这些所谓的心理因素，会在一定程度上制约学生对于个体意义的认识。另外，所有的理解都要经过很多对话和不断融合之后才能慢慢有结果。先前理解会对个体对现在的理解有一定的影响，如个体容易在理解的过程中以自己的视角去看待事物的意义，这样一来就会产生理解偏差。所以，个体要学会多角度地看待事物，看到事物的价值、历史与现在、事物与本身以及不同个体之间的观念结合，从而不断地改善和进步，最终达到对事物的真正理解。我们可以将理解看作人本身的一种理解，这种理解是其他人不能代替的，理解终究是自我理解。所有的理解和理解当中的意义都要通过自己的生命体验获得，这是一个具有很强的个性特征的过程，所以理解就是感受到我们所能感受到的事物。换个角度就是，我们自己真正能感受到的事物才是真正被理解的。所以，通过先前理解—理解—个体理解这三方面的逻辑思维，心灵才能理解事物的同时又理解自我，在掌握事物意义的同时明白生命的真谛。

第三，意义组建的方式：感受。从深层次上来看，感受在构建意义中的重要作用其实离不开它本身拥有的包容性，其表现为事物与个体的结合、知识和生命的结合、个体与他人的结合以及个体和多种精神需求之间的结合。

最初，感受将外部环境和学生个体结合起来，为学生开创出了一条由表及里的理解途径，在理解事物的基础上还理解着个体、组建事物意义的基础上也组建着自己的意义。然后，感受能让学生将自己的生活体验和对生命的认识和课程里的知识结合起来。在感受的维度里，客观的事物都是具有生命力的，拥有生命的意义和情调。由于感受世界让学生不只满足于课堂上的知识范畴，他们会自己主动地追求生命的价值和意义。最终，感受可以使学生理解师生之间的关系和情感等，让构建意义的对话式教学具备实现的可能性。另外，感受本身就是从本体的生活体验和精神世界出发，在此基础上建造知识的价值和自我的价值，这些建造起来的意义可以和本体的意义相结合。这样一来，学生内心的精神世界和意义建造才能得以不断发展。

第四，理解性教学的构建。作为人类特有的一种心理活动，理解不仅是学生内化知识的关键环节和形成能力的重要基础，而且是学生意义建构的基本机制。正是通过理解，学生不仅认识和建构知识的意义，同时认识和建构着自我的生命意义。如果说深度教学是引导学生建构意义的教学，那么引导学生建构意义的教学又必定是理解性教学。展开理解性教学要从以下六个方面，对引导学生建构意义的理解性教学模式进行实际的运用。

一是理解性教学的教材分析：把握学科知识的深层意义。理解性教学首先要求教师能够超越教材的表层，把握住教材知识背后所蕴含的深层意义。为此，教师可以从五个方面来分析教材：①知识的产生与来源；②事物的本质与规律；③学科的方法与思想；④知识的关系与结构；⑤知识的作用与价值。

二是理解性教学的学情分析：把握学生的前理解。在理解性教学中，教师分析学情的重点是准确把握学生的前理解。为此，教师可以从三个方面来分析：①学生的经历与见识；②意识与观念；③思路与方法。

三是理解性教学的目标确定：一核三维。理解性教学的目标确定可以采取"一核三维"的操作模式：①"一核"，即确定理解的核心目标。理解性教学的核心目标是引导学生建构知识的意义与自我的意义。以此为基础，引导学生分别从学科兴趣、专业理想、思想观念、社会责任等方面认识和反思自己，从知识学习中建构和获得自己的生活意义与生命价值。②"三维"，即确定理解的三大任务。

四是理解性教学内容的选择：从了解到理解。为了引导学生深刻、丰富而又完整地理解知识，最终建构起知识的意义与自我的意义，教师需要根据其重要性程度将教学内容分为三个层次：①学生只需了解的内容，如人工取火的各种方法；②学生必须记忆的内容、基本要领等；③学生重点理解的内容，包括三个基本条件之间的内在关系。

五是理解性教学的过程设计：从前理解到自我理解。根据理解的基本心理逻辑，理解性教学包括前理解、协作理解和自我理解三个基本环节。在前理解阶段，教师创设问题情境，让学生基于自己的已有经验进行尝试性的理解。在可能的情况下，教师还可以引导学生对自己的科学兴趣、专业理想、科学精神、科学态度和社会责任等方面进行反思和认识。

六是理解性教学的策略选用：循环式教学。正如前文所述，理解的关键在于双向循环过程的展开。为了促进学生的协作理解与自我理解，最终建构知识的意义与自我的生命意义，教师需要尽可能地引导学生展开多种双向循环的认识过程。在数学教学中，教师可以采取体验—思考、提取—整合、诠释—生成、交流—反思四个教学策略。①体验—思考策略是让学生作为一个体验与思考者，引导学生在已有生活经验和实验观察的基础上，深入思考实验设计的根据与思路、实验探究的思想与方法以及燃烧的基本条件及其内在关系；②提取—整合策略是让学生作为一个提取与整合者，引导学生从实验中提取关键的信息与证据，最终整合建构出燃烧的基本条件和燃烧的基本原理；③诠释—生成策略是让学生作为一个诠释与生成者，引导学生诠释蕴含于燃烧条件探究过程中的科学精神、科学方法、科学思想与社会责任，鼓励学生生成自己的问题、观点与见解等；④交流—反思策略是让学生作为一个交流与反思者，引导学生在与师生的交流过程中，反思和调整自己的认知结构和思维方式。

二、高中教科书数学思想的内容设置

"新课程改革以来，利用数学思想方法教学已成为专家、学者、一线教师共同关注的热点问题。"① 在学校教育中，教科书占据非常重要的地位，它可以作为最直接的依据在课堂教学中实现数学课程目标。因此，要想在高中数学教学中融入数学思想，必须对数学教科书进行详细的分析。在普通高中数学课程标准的指导下，目前国内有许多版本的教科书正在推广使用，这些教科书都在不同程度上体现了数学思想。下面将从数学教科书编排形式的角度来展现数学思想内容的融入情况。

（一）引言部分的数学思想

数学教科书在每章开头都配有一幅图画以及一段文字，可以看作每章的引言部分，这些内容都包含了数学思想的知识。每部分的内容的融入方式有所不同，主要可以分为四大类而言明，具体内容如下。

第一，从实际的应用方面来引入，多与人们的生产生活有关。例如《概率》这一章的开头部分，通过一幅掷飞镖命中位置、摇奖机摇号码的图片，以生动的生活实际问题引出概率这一问题；《三角函数》这一章以一幅宇宙天体运行和质点运动的图片，帮助观察这种周期性变化规律，从而引出三角函数问题。《数列》这一章通过一幅美丽的花瓣和树木

---

①王传利．关于教科书中数学思想方法挖掘与使用的思考：以人教版"二元一次不等式（组）与平面区域"为例［J］．数学通报，2016，55（6）：12.

分权的图片，说明这些排列的规律，帮助了解数列知识在实际生活中的广泛应用。

第二，从具体所展现的数学思想来引入。例如，《椭圆图形与方程》这一章的开头部分，通过图画以及文字，向大家展示了通过方程研究椭圆图形是"数形结合"思想的完美体现；《三角恒等变换》这一章提出，三角恒等变换是只变其形不变其质的数学推理，能够锻炼学生的推理、运算能力。

第三，将数学知识的产生与发展与实际应用结合在一起来引入。例如，《算法初步》这一章的开头部分，介绍了算法与计算机的紧密结合，已经渗透到了人们生活的所有领域。同时也从数学发展的历史角度简单介绍了算法的概念，例如，欧几里得算法、割椭圆图形术、秦九韶算法等。《解三角形》这一章介绍了在数学发展的历史上，解三角形的理论知识在一些具体的实践活动的影响下得到了飞速的发展，得到了广泛的应用。如天文测量、航海测量、地理测量等。通过生动的图片使学生体会数学与人类的生产生活之间密不可分的关系，有利于学生认识数学思想的应用价值。

第四，通过数学思想与其他文化之间的联系来引入的。例如，《不等式》这一章通过一幅山林图和一句诗"横看成岭侧成峰，远近高低各不同"，让学生体会其中的不等关系。

（二）拓展性栏目部分的数学思想

由于数学思想内容的丰富性，数学的教科书中还专门设计了"阅读与思考""探究与发现"等拓展性栏目来介绍数学思想的相关知识。根据这部分的内容，将从数学发展的历史背景，以及数学的应用这两个方面分别来展示数学思想的内容设置情况，具体内容如下。

第一，拓展性栏目通过对数学发展的背景和过程的介绍，使学生了解前人的杰出贡献，了解数学问题产生的原因和结果；使学生体会数学创造性思维的产生过程，体会数学的文化价值；让学生明白数学并不是一门枯燥呆板的学科，有效地激发学生的学习兴趣，使学生更容易学好数学。

第二，拓展性栏目主要展示了数学的应用，例如："概率与密码"这一部分，展示了概率在密码学方面的应用；"九连环"，运用数列知识，巧妙地解决了九连环这一中国古老的智力游戏；"购房中的数学"这一部分则展示了数列在人们实际生活中的应用。通过这些关于数学的在实际问题中的具体应用的例子，提高学生学习的兴趣，帮助学生全面认识数学。

当然，除了在上述两部分内容中体现了数学思想之外，数学思想的教育理念在其他栏目中也有体现。例如，在《集合与函数概念》这一章中的后面的"实习作业"这一部分，列举出了许多对函数的完善做出了巨大贡献的数学家。例如，牛顿、莱布尼兹、笛卡儿和欧拉等。让学生在课下收集关于函数的相关知识背景、相关数学家的研究成果等资料，体会函数的发展以及数学家所做出的重大贡献等。通过书籍、网站等方式了解函数的广泛应用，感受数学家的精神。

总体而言，数学教科书很好地贯彻了课程标准中对于数学思想方面的要求，为数学思想的教学提供了依据，有一定的借鉴意义；对提高学生的学习兴趣，帮助学生体会数学的文化价值、形成正确的数学观也提供了良好的途径。

三、高考试题中数学思想的具体运用

数学思想在人类文化中占据重要的地位。近年来，全国各地的高考数学试题中越来越多地出现与数学思想相关的试题。高考试题将数学思想与高中数学内容紧密结合，目的在于让考生在学习过程中潜移默化地接受数学思想的熏陶，运用所学的知识处理问题。"高考越来越注重考查学生的数学核心素养，而数学思想方法就是数学核心素养中最核心的要素之一。"①

（一）高考试题中运用数学史

数学史作为数学思想的主要载体，主要包括数学家生平故事、数学史事件、数学名著、数学名题、数学发展的历史等。中国古代数学有许多伟大的数学家，如刘徽、祖冲之等，有着非常辉煌的成果，如《九章算术》等一些经典的数学之作，这些中国古代数学名著是人类的丰富宝库。

《九章算术》是中国古代数学的代表性著作。从《九章算术》各章内容看，都是与生产、生活息息相关的知识和内容。近年来，高考试题中越来越多地引用数学名著上的知识点来进行考查。高考题中不仅有一些古代的数学名著的部分知识，也涉及数学家或者数学学派的故事。例如，古希腊毕达哥拉斯学派的"形数"问题。毕达哥拉斯学派在世界数学史上首次建立了数和形之间的联系。公元前 6 世纪，当时还没有纸，毕达哥拉斯学派就采用了认识数的一种有趣方法，他们利用小石子来研究数的性质，又方便又直观。

总而言之，以数学名题为背景的高考试题在近年来的高考数学题中也屡见不鲜。数学名题之所以有名，大多与深刻的数学内容、经典的解题方法、著名的数学大师等相关联，通常可以产生富有新意的试题。

（二）高考命题中的数学思想

设计适合的试题情境，要求学生能够利用所学数学知识分析、解决实际生活、生产中的问题。高考命题是通过数学知识的考查，来反映学生对数学思想方法的理解和掌握程

---

①韦永旺. 高考数学试题中数学思想方法研究［J］. 高中教学参考，2017（35）：3.

度，这是一种对数学知识在更高层次上的抽象与概括的考查，其中不乏数学思想的渗透。例如，分类与整合思想、归化与转化思想。它们都是每年高考的必考内容，也是考生突破重点、难点题目所必须具备的基本思想方法。

总而言之，在高考复习教学中习题课必不可少，由于高考题具有十分准确的导向性，有利于学生进行自我检测和反思，也对培养学生解决问题的能力具有重要的作用，因而在高考习题教学中，教师要引导学生多角度、全方位地渗透数学思想方法，利用一题多解让学生融会贯通，从而对数学思想方法有一个更加熟练、更加深刻的认识，拓展学生的视野，提高思维的敏捷性和解题速度，使复习课更加有效。另外，在高三习题课中渗透数学思想和方法，发挥其在解题中的基础性和工具性作用，帮助学生掌握解决问题的有力武器，让他们体会数学知识的发生、发展和运用的基本过程，就会让学生的思维站在更高的层次去审视题目，并将这些基本的思想和方法灵活地迁移到新的问题情境中，最终达到逻辑思维能力的形成和综合能力的提高。

第三节 高中数学教学中数学思想渗透

一、化归思想在高中数学解题中的渗透

化归思想的运用，能够使问题解决者充分掌握相关数学知识，关联对等问题中的复杂知识点，以达到对等转化，把复杂问题简单化，以实现数学问题的顺利解决。因此，将化归思想运用于高中数学的解题中，其不仅有助于学生解题效率的提升，而且能使学生的解题准确率得到相应提高化归思想的解题思路主要是依据复杂问题所提出的有效解题方式，经过化归思想的运用，其不仅能够使学生面对复杂数学问题时，更好地厘清思路，而且能把复杂问题转变成一个或多个较为简单的问题，对其进行解决，并归纳到一起，最终实现问题解决的方法。目前，高中数学的解题教学当中，化归思想已经得到广泛运用，学生通过化归思想实施解题，就能更好地应对复杂、难度高的数学问题，从而使学生的数学成绩得到有效提升。

（一）高中教学解题中化归思想的理论基础

1. 建构主义学习观

根据建构主义的学习观，建构主义提出了新的教学观，人们要改变传统的教学观，有以下教学思想可供参考。

（1）随机通达教学思想。建构主义反对让学生被动接受知识，强调要留给学生广阔的建构空间，它将学习分为两类：初级学习和高级学习。初级学习中，教师只要求学生通过练习和反馈来掌握一些重要的概念和事实；高级学习则要求学生把握概念的复杂性，能根据具体情况，改造和重组自己的知识经验，并用于建构问题解决的图示（这一建构过程通常要通过多个概念，以及大量经验背景的共同作用才能实现）。

传统教学混淆了高级学习与初级学习之间的界限，在将初级学习阶段的教学策略不合理地推向高级学习阶段的教学过程中，使教学过于简单化。例如，将事物从复杂的背景中隔离出来进行学习，忽视具体条件的限制；将连续的过程简单地当成一个个阶段来处理；将整体分割成部分，忽视各部分之间的联系性等。这种简单化处理正是妨碍学习在具体情境中广泛而灵活迁移的主要原因。

基于对高级学习的理解，建构主义提出了"随机通达教学"，认为对同一内容的学习要在不同时间多次进行，每次的情境都是经过改组的，分别针对知识的不同侧面，情境中要包括充分的变式，使概念与具体情境相联系。因此，在每次教学高中生都能获得对知识的新的理解，从而使学生对概念形成多角度的理解，并与具体情境联系起来，形成背景性经验。

（2）自上而下的教学设计及知识结构概念。传统的教学常常采用"自下而上"的教学设计，这种教学从基本知识技能出发，按知识的层次结构，从低级到高级逐渐展开。建构主义认为，这种教学设计是使教学过于简单化的根源。他们提出了"自上而下"的教学设计路线，即教师首先提出整体性学习任务，选择与学生生活经验有关的真实问题，并提供理解和解决问题的相应工具；学生则要自己尝试着将整体任务分解为子任务，自己发现完成各级任务所需的相应知识技能，并通过自己的思考或小组探讨，在掌握这些知识技能的基础上，使问题得到解决，完成学习任务。

知识是围绕着关键概念的一种网络结构，它包括事实、概念、原理以及有关的条件知识、过程知识、观念思想等。学习可以从网络的任何部分开始，即教师既可以让学生从解决一个实际问题而开始学习，又可以从引导学生理解某一概念或原理而进入学习。教学不必要组成严格的直线型层次。基于建构主义的上述观点可知，通过解题教学来培养化归思想不可能一蹴而就，而是需要在不同时间、不同情境下反复渗透。通过在解题中运用变式、一题多解等方法来揭露数学知识的本质和蕴含在其中的化归思想，并采用自上而下的教学设计来整体规划化归思想的培养。

2. 元认知理论

元认知能使学生在认知活动中更好地做到事前计划，优选方法，在认知过程中即使发现存在的问题，也能做出相应的调节，从而加强认知活动的目的性、自觉性、灵活性，提高认知活动的效率。学习能力强的学生，其学习的自我监控能力一般都比较高，即他们具有较多的有关学习、学习情境和学习策略等方面的知识，善于计划、评价、调控自己的学习过程，灵活地运用各种策略，以达到特定的认知目标。

学习能力差的学生正好相反，虽然他们在有关知识方面与学习能力强的学生差距不大，但是他们在有关学习策略的知识方面与学习能力强的学生相比，却有着较大的差距。他们不能根据学习材料、学习任务以及个人的具体特点和当时的具体情况灵活采取适当的认知策略，故而表现出对自己的学习行为的控制和调节上水平较低。这说明在具备一定的基础知识的条件下，学生的元认知能力已成为影响其学习成败的关键因素。

在学习者认知发展过程中，元认知居于核心地位，它对认知策略起到定向、调控、整合和修正的作用；同时，主体认知策略的主动性和有效性将展示其内在的元认知水平。正因为存在着这样密切的关系，所以通过采用适当的方法，对学习者进行元认知策略的训练，就能提高其相应的元认知水平，进而提高整体的元认知能力。元认知是可以训练的，所以对解题教学中化归思想的培养可以采取直接指导的模式。先使学生了解何为化归思想，为何要培养化归思想，然后在解题过程中有意识地渗透这一思想，逐步使学生达到理解、掌握并运用该思想的目的。

教师可以通过以下步骤来培养化归思想：①直接讲解；②示范；③辅导学生正确地运用化归思想。可以采用合作学习的模式。合作学习是指通过两个或两个以上的个体一起互助学习，以提高学习成效的一种教学形式。合作学习中有两种角色：一种是学习的操作者；另一种是学习的检查者，这两种角色由合作学习小组中的个体轮换扮演。

合作学习模式的主要步骤包括五个方面：①学习者相互配对，确定学习任务，建立合作学习情境，引发积极的学习状态；②每对合作者选择学习的具体内容，并进行角色分工；③操作者进行口头报告；④检查者进行检查和评价，即检查口头报告中存在的问题，并对其做出评价和建议，以促进操作者的学习活动；⑤交换角色，继续学习，重复③④步骤。

（二）化归思想在高中数学解题中渗透的意义

第一，"化归"是转化和归结的简称，其基本思想是人们在解决数学问题时，常常是将待解决的问题 A，通过某种转化手段，归结为另一个问题 B，而问题 B 是相对较易解决或已有固定解决程序的问题，且通过对问题 B 的解决可得原问题 A 的解答。其中，问题 B 常被称作化归目标或方向，转化的手段被称为化归途径或化归策略。化归思想有着坚实的客观基础，是人们对事物间的普遍联系和矛盾在一定条件下的相互转化的能动反映。它着眼于揭示联系，实现转化，通过"矛盾转化"解决问题。

第二，"化归思想"是数学解题的基本思想。除了极简单的数学问题外，每个数学问题的解决都是通过转化为已知的问题实现的。从这个意义上来看，解决数学问题就是将未知向已知转化，解题的过程实际上就是逐步转化的过程。数学中的转化比比皆是，如复杂问题向简单问题转化，新知识向旧知识的转化，命题之间的转化，数与形的转化，空间向平面的转化，高维向低维转化，多元向一元转化，高次向低次转化，超越式向代数式的转化，函数与方程的转化等，都是化归思想的体现。因此，化归思想是解决数学问题的基本思想。另外，数学科学的特点及其哲学基础，使化归思想成为数学解题的基本思想。首先，数学科学的演绎性决定了数学论证大多是使用演绎逻辑推理论证，而常用的演绎推理形式之一是假言推理；其次，数学的形式化特征也为化归的使用提供了便利条件。因为形式的东西变换转化起来较自由、容易，形式变换较易明确逻辑联系，即易找到化归的目标和方向，所以数学的形式化无疑为化归指明了方向。

第三，数学证明的实质从一定意义上讲就是指明化归的方向和目标。数学证明只能指出待证问题可以归入哪个问题的证明，或由哪些已证定理或成果来证明，而不可能从原始概念、始端公理出发进行逻辑推理来证明。因此，数学证明一般要归结为某些中间定理上去，实质上就是一种化归。

第四，客观事物的普遍联系性、矛盾的对立统一相互转化性为化归提供了哲学基础，而数学内部的逻辑联系，包括数学知识的纵向、横向联系、条件与结论之间的必然联系及方法与方法之间的联系等，为数学化归提供了可能。纵观数学的发展历史，化归也是被人们广泛使用的用来研究并解决数学问题的一种重要思想方法。

总而言之，在数学科学迅速发展的今天，化归方法被更为广泛普遍地运用着，并被不断具体化为一些更特殊更便于操作使用的方法，如特殊化、一般化、关系映射反演等。在现代高中数学教学中，化归思想方法体现在各个学段。例如：解方程组的实质就是将多元化归为一元；某些求解或求值题化归为方程问题；解方程时，一般总是考虑将分式方程化归为整式方程、无理方程化归为有理方程、超越方程化归为代数方程；处理立体几何问题时，一般可考虑把空间问题化归到某一平面上，再用平面几何的结论和方法去解决；在解析几何中，一般可考虑通过建立恰当的坐标系，将几何问题化归为代数问题处理；有关复数的问题可通过代数形式或三角形式化归为实数问题或三角问题加以解决；等等。

（三）化归思想在高中数学解题中渗透的原则

由于数学思想是数学内容的进一步提炼和概括，是以数学内容为载体的对数学内容的一种本质认识，因此是一种隐性的知识内容，要通过反复体验才能领悟和运用。即使在数学课本中直接指出"化归思想"也不一定能起到应有的作用。于是，沟通课本与学生的认识，使学生领悟、理解、掌握、运用化归的思想方法，就需要通过精心的教学设计和课堂上互动的教学活动，并且在教师的主导、学生的积极参与下完成。因此，化归思想在高中数学解题中渗透要贯彻以下原则。

第一，化隐为显原则。教师要先给学生介绍化归思想的概念，在讲解题目时，给学生指出解答过程中所蕴含的化归思想，或让学生自己挖掘出概念、定理、题解等其中所体现的化归思想、从而，将隐性的思想具体化。

第二，渐进渗透原则。数学思想作为数学知识的精髓，不可能通过一两次课程就让学生掌握，因此，教师要根据教学内容，介绍、突出相应的或隐含的数学思想，结合具体对象，逐步渗透重要的意识和观点。教学要循序渐进，使学生在反复的体验和实践中逐渐认识、理解，将数学思想内化在个体的认知结构中。

第三，系统性原则。数学知识和数学思想是不可分割的，而数学知识之间又有着千丝万缕的联系，它们共同构成数学系统，因此，教师要从知识和思想两个层面上进行教学，要使学生从整体上，从内部规律上掌握系统化的知识以及蕴含于知识中的数学思想，形成良好的认知结构。

第四，学生参与原则。教育的目标就是要将数学与学生的素质发展相结合，利用数学教育将学生培养成现代社会所需要的智能型人才，为学生的终身发展服务。教师要培养学生的数学思想，就必须以学生为主体，通过精心的教学设计和课堂上的教学活动过程以及课后的辅导等，充分发挥学生的主观能动性，让学生主动获取知识、主动探索。

（四）化归思想在高中数学解题中渗透的方法

第一，一般性与特殊性问题。化归思想作为常见的一种解题思路，其运用通常不能只局限在一种情境。通常而言，高中数学的解题中，较为常见的化归思想的运用情境中，最重要的就是一般性与特殊性问题。对于一般性与特殊性问题而言，其转换就是在面对复杂、特殊问题的时候，促进问题的简化，特别是面对短时间无法梳理出解答头绪的问题时，可将复杂、特殊的问题转变成一般可计算出的问题，以促使学生自身的解题思路更加清晰，并找出数学问题的具体解决方法。例如，数学解题中最为常见的应用场景就是计算多项式各项系数的和，在相关问题中，通常会出现多个未知数或者未知数高次幂等状况，若直接展开各项，并实施合并计算，计算量通常比较大，而运用化归思想，则能把当中的未知数设成常数1，将该值代入全部计算中，以求取到相对简单的结果。

第二，换元法。换元法主要指通过新变量的引入，把分式转化成整式，把高次转变成低次，以实现解题过程简化地解题方法。目前，换元法已经在不等式、方程、函数等相关试题中得到广泛应用。通常而言，换元主要包含三角换元、均值换元、局部换元等。教师如果想要使学生充分掌握换元法，需要对换元形式及其须注意的问题实施细致剖析，同时，数学教师可选择些经典题目，讲解换元法的具体运用方法，促使学生充分掌握换元法的运用技巧，从而使数学课程的解题正确率得到有效提高。将换元法运用于数学问题的解答中，其既能联系分散条件，呈现隐含条件，又能将条件与结论相联系，以实现快速与简化的获得结果的效果，从而使学生的解题能力得以提升的同时，深刻掌握数学思想的运用方法。

第三，构造法。构造法主要指依据已学的相关知识与经验，对相应的数学模型进行构造，把问题转变成容易解决的数学问题。构造法的运用通常对学生自身的综合能力有着极高的要求，想要确保学生能够灵活的运用构造法，在课堂教学中，首先，数学教师须注重构造法的重点讲解，包含了一次函数、二次函数、构造向量等，以深化学生对构造法相关知识的理解，并充分掌握构造法的运用精髓；其次，数学教师须注重与数学习题相结合，引导学生通过构造法进行求解，并给予学生相应的指导，帮助学生学会通过构造法进行解题，从而使学生应用构造法的技巧与能力得到有效提高。

第四，等差数列。数列模块一直以来都是高考数学中的必考内容，因此学生在学习时应当予以充分重视。以等差数列和等比数列的基础知识，通常是要求得出数列的通项以及前 n 项和。其中得出数列的通项公式是解决这类题型的重点。依靠递推公式来获得数列通项公式也是近年来高考数学中经常出现的题型。在实际的练习过程中能够发现，类似的习题不但类型丰富，同时解题的方法也相对灵活，深入分析能够发现，求递推数列的通项公式类似问题通常能够转化为等差数列（等比数列）来处理，进而体现出数学化归思想方法。但是，当选择使用叠加法来获得递推数列的通项公式，一般而言，具有两种特征：其一是叠加之后等式左边能够进行错项消除来进行化简；其二是等式右边能够更快且简便地进行求和。

总而言之，高中数学的解题教学中化归思想的运用，不仅能实现学生自身解题思路的丰富，还能促使学生构建相应的知识体系。数学教师在具体教学时，既需要在理论知识的讲解中运用化归思想，又需要通过具体例题运用化归思想，从而实现解题过程简化的同时，实现高中数学解题效率的提高。

（五）化归思想在高中数学解题中渗透的策略

1. 课堂学习中加强变式练习

在课堂学习的过程中必须合理地增加变式练习。所谓变式练习的本质属于化归的过程，基本上所有的变式都是把某一未知的数学问题，转化为学生已经掌握的已知问题，之后再对这些已知问题进行讨论来得出未知问题的解决途径，这种问题解决手段即是化归思想方法。通过加强变式练习能够让化归思路更加清晰，让学生能够掌握正确的化归方向。因此，在课堂学习的过程中合理增加变式练习有助于学生运用化归思想。

2. 坚持进行一题多解的练习

问题是高中数学的心脏，而大部分的数学问题都是依靠思维方法来解决的，因此学生应当要清楚数学问题解决方法与思路的多样化。每当学生多掌握一种思维方式，就能够拥有更多的解题方案，一题多解能够让学生从各种不同角度来看待问题，从不同的思考方向来对相同的问题予以化归。在数学课堂学习中，坚持进行一题多解的练习，能够帮助学生打开思路，提高化归能力。

3. 参与解题的全部过程

对于教师所传授的知识，学生必须在自己已经掌握的知识上进行主动建构，才能够真正理解和掌握。如果单单是了解化归的方法，或者按照教师的示范进行模仿，不能称得上真正理解化归思想。所以，应在高中数学解题过程中创造机会，让学生能够真正体验发现问题、思考问题、解决问题的全过程。当学生遇到一个生疏且相对复杂的问题，应当思考其有哪些化归途径，若没有把握时应当对每种方式都加以探索，确实遇到瓶颈时才向教师求助，在教师的引导下再次思考，最后着手解决问题。

总而言之，化归思想应当是存在于每道数学问题的解决之中的，它能够帮助我们将实际问题转化成为数学问题，将复杂问题简单化，将生疏的问题转化为已经学习的知识。人们应当认识到，要学好高中数学就必须增强自身的解题能力，而要提升解题能力，应当先让自己的基础知识更加牢固，掌握一些基本的解题方法和数学思维方法。在过去的学习中，人们经常会有这样的疑问，听课时都能够听懂，例题也很明白，但在遇到条件稍微变化的习题时就不会做了。基于此，学生必须将化归思想渗透到日常的课堂学习中来，真正学会触类旁通、举一反三，让自己的数学能力和数学成绩有进一步的提高。

二、抽象思想在高中数学教学中的渗透

数学学科本身具有抽象性，数学抽象也被作为数学核心素养之一被提出，是当下高中数学教师开展数学教学活动的重要内容。高中阶段是学生学习的关键阶段，也是人生的一个重要转折点，在高中三年内运用高效的方式学习数学知识，可以确保学生的数学知识学习能力，在较短的时间内获得较大提升。数学知识具有较强的抽象性和逻辑性，在高中数学课堂教学环节对学生的抽象思维能力进行培养，有助于学生更加高效地理解数学知识，提高数学知识学习效率。

（一）通过自主参与，激发抽象潜能

受到传统课堂教学理念影响，教师习惯了作为课堂主人的教学模式，而学生只能被动接受数学知识，这不仅会限制学生自主思维意识的提升，而且会逐步消磨掉学生对数学知识深度探究的欲望。在新课改大背景下，在高中数学新课标的理论引导下，教师需要将传统的教学手段和理念进行改变，注重体现学生的数学学习主体地位，并注意培养学生的抽象思维能力，调动学生学习的主观能动性。教师还需要结合教材内容，为学生设计合理的数学问题，让学生进行回答，这种以问题驱动的教学模式，可以有效激发学生的数学学习潜能，使学生的数学思维能力始终处在一个较为活跃的状态中，确保学生的数学思维能力得以有效提升。

教师还可以为学生创设自主交流的学习机会，让学生进行自主交流。由于高中阶段学生正处于朝气蓬勃的阶段，具有不服输的意识，因此，通过多人互动学习，可以培养学生对数学知识的探究意识，更可以激发学生的创新思维意识。教师在培养学生抽象思维能力的过程中，由于抽象过程会给予学生更多对问题进行思考的时间，以此促进学生自主探索相关数学知识，在这一过程中，学生会发现教材中并不存在的知识，这会使学生对创新产生兴趣，进而确保了学生抽象思维能力的提高，也使学生的创新意识得以提升。

同时，教师也可以在小组内提出自己对某些数学知识点的疑惑，激发学生的批判思维意识，提高学生的抽象思维能力，这种小组讨论的学习模式，也可确保每名学生在整个学习过程中进行有效参与，确保学生对知识体系形成深度理解。教师可以在数学题目练习环节，对学生开展分组教学引导，由于数学知识，尤其立体几何方面的知识抽象性极强，为便于学生理解这部分数学知识，教师可以引导学生进行组内讨论，每组都可以将最为高效的解题方法进行总结、归纳、筛选，然后各组选派一名发言人，将本组的解题方法进行公示。教师可以总结方法，并进行比较，以选择最为优质的方法。这种教学方式可对学生起到激励作用，也可调动起不同学生的思考积极性，使学生为了提高本组的学习质量，从多元层面分析问题，进而有助于提高学生的抽象思维能力。

（二）利用公式概念，形成抽象意识

兴趣是最好的教师，虽然数学知识，尤其是高中数学知识具有较强的难度，但一旦激发出学生的数学学习兴趣，无论难度多高的数学知识，都会激发学生的学习动力，会自主想办法排除一切困难对数学知识进行刻苦钻研。同时，作为一门逻辑思维性较强的学科，若想提高数学知识的学习效率，需要依靠学生的想象力来完成。但是，并非每名学生都具有较强的数学抽象思维能力，因此，教师应注重在导课环节就培养学生的数学抽象思维能力。

教师可以结合生活实际，让学生感受到看似抽象性极强的数学公式和概念，经过分析和理解后，会发现与生活实际也有较多的关联性，以在学生头脑中形成数学知识的学习并没有想象中困难的意识，突破学生学习数学知识的心理障碍，激发学生的数学知识学习情感，让学生树立运用数学知识解决实际生活问题的意识，进而确保在润物细无声中提高学生的数学抽象思维能力。

此外，由于数学问题中涵盖了较多抽象的内容，尤其一些数学问题中涉及了较多的数学公式和概念，而对数学公式和概念深度分析，可以对数学知识外部和内部的关系进行充分展示，而这也是抽象向具体转换的过程，将数学知识的内涵和本质进行有效揭示。在学习数学知识的过程中，由于学生对数学的公式和概念缺乏一定的理解能力，会使学生无法理解数学知识，使学生失去学习数学知识的兴趣，也会使学生逐步丧失对数学知识学习的主体意识，进而降低数学课堂教学效率。

所以，教师需要改变传统的教学模式，可以引导学生从学习数学知识的公式和概念入手，对数学知识进行深度分析，以此确保学生在对数学公式和概念理解的基础上，对数学进行深度认知，逐步将数学公式和概念进行转换，使其变为较为容易理解的数学理论常识，也可以对数学概念进行简化，以一些顺口溜等总结数学公式和概念，以此使学生通过这一学习过程，更好地理解数学知识，进而达到提高学生数学抽象思维能力的目的。因此，在高中数学课堂教学环节，教师可以通过数学公式和概念对学生的抽象思维能力进行提升。教师可以在课堂教学开始的时候，对学生导入数学公式和概念的教学，以此培养学生的分析、概括、提炼、总结能力，并对学生的学习潜能进行有效激发，进而达到提高学生抽象思维能力的目的。

同时，由于构成数学知识的两大基础部分是数学的概括能力和抽象思维能力，因此，教师在课堂教学环节，也可以通过数学公式和数学概念的引导，确保学生在看似普通的数学问题中，发现数学知识的差异性，以此确保学生能够关联起不同的数学概念和知识，提高数学的抽象能力，进而灵活运用数学抽象能力，也可以培养学生具有将具体数学问题向抽象数学模式进行转换的能力，进而更便于学生解决数学问题。

（三）采取联想类比，培养抽象能力

数字知识具有较强的完整性和严谨性，而且各类数学知识之间看似没有关联，实则存在重要的联系，教师应具备将各类数学知识进行有效连接的能力，以此便于学生更加高效地认知数学知识。联想类比这种教学方式就是对学生抽象思维能力进行有效提升的一种方法，它可以对学生学习的主观能动性进行激发，培养学生的发散思维能力，拓展学生的开创性思维能力。

教师可以在教学环节，以教材内容为依据，为学生设置针对性较强的数学课堂教学情境，以便于学生对某一个数学知识点进行分析和探究。在这一过程中，学生通过自主学习，不仅可以理解本知识点的数学内容，也可以对相关的数学知识进行深入分析和理解，并对其的相同点与不同点形成认知，以此确保学生从某一个思维概念朝着另外一个思维概念进行转换，进而提高学生的知识迁移能力，提高学生的发散思维能力。

在学生对数学问题形成一定的理解和认知后，教师可以通过一些例题对学生进行深入讲解，以此进一步提高学生的数学抽象思维能力。教师可以鼓励学生在对数学问题进行解答的过程中，启发学生先求出例题中的某一个知识内容，也可以将数学问题转换为图形问题，并将数字在图形上进行标记，这种方式真正实现了数形结合，也有助于提高学生的数学抽象思维能力。

(四) 进行比较观察，提升抽象能力

如果想有效提高学生的数学知识解题效率，需要形象化处理抽象性较强的数学知识。教师可以借助信息技术，以动态视频、音频、图片的模式展示数学知识，以此使学生通过观察和比较，学习数学知识，也可以使学生通过画面展开联想，确保学生充分认知和内化数学知识，培养学生的抽象思维能力。

在高中数学课堂教学环节，教师对学生开展数学教学，也可以先不直接将数学知识的相关含义和概念告诉学生，而是先对这部分数学知识点的适用范围及概念进行讲解，这样不会对学生造成心理压力，使学生在一个相对轻松、宽泛的范围内，对数学知识点进行学习，这也为学生逐步接受数学知识做好铺垫。然后，教师可以通过循序渐进的模式，逐步将本知识点涉及的数学知识对学生进行教学引导，使学生通过信息技术的展示，对数学内容进行观察，进而对数学知识进行感知，以便于更深刻地理解数学知识，提高数学抽象思维能力。

其实数学问题看似复杂，但教师可以培养学生的数学抽象思维能力，并以这种思维方式对其进行深度探究，也可以找出其中的规律，发现数学问题的解题模式，从而达到对相同类型数学题目进行高效解决的目的。教师可以通过信息技术将复杂的数学问题简单化，并借助信息技术可以将数学问题以音、形、影模式进行展示的优势，使复杂的数学问题简单化，也有助于学生深度理解数学知识，以此确保数学课堂教学效率和质量可以得到双重提升。

另外，通过信息技术对学生开展教学，还有助于对数学问题中的重难点问题进行突破。虽然数学教材中有一些插图，但由于都是静态画面，学生在理解的过程中，存在一定的局限性，这不利于提高学生的抽象思维能力。而信息技术具有较强的动态效果，它可以通过动态画面和声音呈现数学知识，这比数学教材中的插图教学，以及传统的粉笔板书教学，就学生而言，更具形象性，教师可以利用信息技术将不同的数学学习方法进行呈现，也可以呈现数学问题中的重难点问题，还可以专门为这部分重难点数学问题进行专门的视频录制，使学生通过信息技术对这部分重难点的数学知识进行理解，使学生的数学学习能力得以有效突破。

三、推理思想在高中数学教学中的渗透

猜测、联想等心理活动在数学教学中起着重要作用，联想是指因一事物而想起与之有关事物的思想活动，而在数学领域，与联想对应的就是推理。推理是思维的基本形式之一，是指由一个或多个已知的判断（前提）推出新判断（结论）的过程。在高中数学中，推理主要分为演绎推理与合情推理。演绎推理，是由一般到特殊的推理，用于研究推理的有效性。通常的演绎推理形式为三段论。三段论可以表示为：大前提是指 M 是 P（M 具有性质 P）；小前提是指 S 是 M（S 是 M 的个体）；结论是指 S 是 P（S 具有性质 P）。

三段论经常在人们的思维过程中被使用到，例如，张三在打篮球过程中，恶意肘击对方，被判罚技术犯规，这也是典型三段论的运用。其中大前提是指恶意犯规的人都应判罚技术犯规；小前提是指张三是恶意犯规的人；结论是指张三被判罚技术犯规。又如，人们在寻找余割函数线时也用到了演绎推理。其中大前提是指三角函数线的表示需要分母为 1；小前提是指余割函数线是三角函数线；结论是指余割函数线的表示需要分母为 1。再如，在数学学习过程中三段论的运用比比皆是，尤其在证明过程中，例如，我们经常说的"$\triangle ABC$ 内角和 180°"，其实也用到了三段论。其中大前提是指任意三角形内角和 180°；小前提是指 $\triangle ABC$ 是三角形；结论是指 $\triangle ABC$ 内角和 180°。这当然也是数学严密性的体现：依赖逻辑，而不仅仅是猜想、推理等。

演绎推理除了三段论，还包含反证法、数学归纳法、算法逻辑等，通常用于验证由经验获得的、猜想的数学结论，因此演绎推理本身只能用于证明，而无法增添新的东西，不能发现新的结论。人们发现新的结论通常更多地依赖合情推理，顾名思义，合情推理是指合乎情理的推理，是一种重要的推理手法。如果说演绎推理保证了判断的有效性，合情推理则能由此及彼地得出新的结论，通常合情推理包含两种推理形式：类比推理和归纳推理。

第一，类比推理。类比推理指由两类对象具有某些相似特征，并且可以其中一类对象的某些已知特征，推出另一类对象也具有这些特征的推理，这是一种从特殊到特殊的推理。类比推理的基本逻辑形式：A 对象具有属性 a，b，c，d；B 对象具有属性 a，b，c；所以，B 对象也有属性 d。

第二，归纳推理。归纳推理是指由某类事物的部分对象具有某些特征，推出该类事物的全部对象都具有这些特征的推理。简言之，是由部分到整体、个别到一般的推理归纳推

理的基本逻辑形式。显然，在例子中利用正弦函数线、余弦函数线、正切函数线都需要将分母变为 1，于是猜测三角函数线的分母应该变为 1，这就属于归纳推理。

（一）推理思想的运用思路

美国著名数学家、教育家波利亚在《怎样解题》一书中列出了一个解题的步骤表，归纳起来，他提出了以下解题基本思路：①问题若可直接用定理、法则、公式，立即进入下一步求解。②否则，找具有相同或类似的题目，若能，则进入下一步求解。③否则，将原问题改换表述方法、先考虑特例、拆分成简单问题或变形，或互换已知条件，把它们综合在一起，若能，则进入下一步求解。④前三个步骤都不通，则继续问自己：全部已知是否都用上，全部条件是否都用上，全部的有关概念是否都明白了。从前面的内容可以知道：②所用的推理方法是类比推理；③所用的推理方法是归纳推理；①和④则持续在观察、直觉、猜想、试验，也就是对问题表征的所有信息进行全面的剖析。

（二）推理思想的渗透方法

第一，简单推理。由题目条件、所涉及概念进行推理，从而寻找其相互关系，这里主要涉及类比推理和演绎推理。此种推理最简单，但是需要理解基本概念、基本知识点，需要记住基本的数学公式，难度不大，此类题目在课本与练习册中比比皆是，属于遇河搭桥、逢山开路型。

第二，式子结构、数字关系类比推理。从条件的代数形式与已知的公式、定理等进行类比推理，找到代数式的相互关系，从而寻找突破口，此类题目相对较难，需要一定的观察能力。

第三，文字语言、图形语言、直观语言的演绎推理。此种题型难度较大，或者直接解题思路较繁杂，需要进一步提炼题目信息，转化条件。因此，需要对知识点深入理解，将其完全内化为直观语言、图形语言进行多角度联想方可得到简单的解题思路。此种题型对演绎推理的要求较高。

第四，综合推理。此类题目综合性较强，需要从结论或者条件出发，联系以前学习过的知识点、题型、思路，找到相关思路，建立解题通道。既需要用到合情推理，又需要用到演绎推理。

四、数学建模思想在高中数学教学中的渗透

数学建模思想是当前比较热门的一种数学教学研究思想，在各阶段都有较高的渗透和使用效益。数学建模的教学要重视学生品格的形成与能力的培养，换言之，应当通过数学建模的过程，实现必备品格与关键能力的培养。对数学建模思想在高中数学课堂教学中的

应用价值形成两点认识：①高中数学课堂教学中要重视数学建模的过程；②高中数学课堂教学中要重视数学建模思想的落地。高中数学教学必须重视数学建模的价值，必须为学生提供数学建模的时间与空间，必须让数学建模成为学生在数学学习过程中的重要指向。

数学建模是数学学科核心素养的组成要素之一，数学建模在高中数学教学中的地位非常重要，是高中数学教学研究的热点。传统的教学中，教师对数学建模的重视主要体现在建模本身，更多地是让学生经历一个数学建模的过程，并在此过程中与学生强调模型的重要性，以让学生知其然且知其所以然。应当说这一教学思路是比较先进的，其超越了传统的应试认识，更多地通过数学建模的过程指向学生学习能力的培养。

（一）数学建模思想的渗透

一般而言，数学建模就是在数学学习的过程中建立模型。教师之所以要重视数学建模，是因为数学建模是联系数学与现实世界的桥梁，是对现实问题的数学抽象，是综合程度更高的素养，能够高效地提升学生综合实践能力及自主获取知识的能力，同时有利于学生其他数学核心素养目标的达成。因此，在高中数学课堂中应用数学建模思想教学是非常有必要的。这种必要性体现在教师对建模思想的应用价值的认识。对数学建模思想在高中数学课堂教学中的应用价值形成的认识包括以下内容。

第一，高中数学课堂教学中要重视数学建模的过程。对数学建模的教学有显性和隐性两种认识，高中数学教学中应当将这两种认识进行结合，有效的结合应当是：①通过隐性的数学建模的过程，培养学生的数学建模能力；②通过显性的数学建模分析以及评价，培养学生对数学建模的认同以及主动建模意识。重视数学建模的过程就意味着在教学设计的时候，不仅要关注知识的形成过程，还要关注在知识形成过程中是否可以培养学生数学建模能力。换言之，数学建模应当成为数学教学的一条主要线索。只有对数学建模的过程给予了足够的重视，教师才有了学生数学建模过程的研究动机，才能把握学生在数学建模过程中的认知特点。教师也只有把握了学生的认知特点，才能经历一个真正有效的数学建模过程。

第二，高中数学课堂教学中要重视数学建模思想的落地。相对于数学建模的过程体验而言，教师还应当引导学生在数学建模过程的体验中领略思想。数学建模思想并不是一个抽象的事物，数学建模思想是指学生在数学建模的意识驱动之下，在面对实际问题的时候，能够想到建立模型并通过建立的模型去分析或者解决问题。这个观点实际上也不是一个新鲜事物，有同行在研究过程中就有这样的观点：就数学教学而言，其目标应当定位到培养学生数学建模思想，以便学生在今后的学习工作当中能够运用数学建模思想解决实际问题。简单而言，学以致用就是数学建模思想的重要体现。

（二）数学建模思想的应用

在实际应用的过程中，数学教师应当追求理论与实际的联系，换言之，从理论上认识到数学建模是运用数学思想、方法和知识解决实际问题的过程，它搭建了数学与外部世界联系的桥梁，是数学应用的重要形式，也是数学核心素养的重要组成部分；从实践中认识到，学生数学建模思想的领悟与素养的培养，是发生在具体的数学建模过程中的。

例如，"函数"是高中数学知识体系中最重要的概念之一，同时也是最重要的数学模型之一。传统教学中通常只重视其知识定位，而忽视了其模型定位。那么从数学建模的角度来看，数学建模视角下的函数教学设计与教学过程阐述如下。

第一步，创设情境。生活中的与函数相关的问题还是非常丰富的，选择学生相对熟悉的话费套餐作为素材，创设一个实际问题情境。解决这个实际问题，可以根据经验，但是要想更为精确地做出判断，就需要借助数学模型。

第二步，分析问题，并在此过程中形成数学模型。事实证明，当学生遇到这个问题时，他们的第一反应也是根据经验去选择，但是随着讨论的深入，他们发现数学在其中能够发挥重要的作用。如有学生提出，在选择套餐时，可以忽视短信与无线网时长两个因素，因为这两者在实际生活中，很多时候都可以被忽视。这个时候学生基本上都能够从自身的需要出发，先让学生设身处地思考——假设自己上了大学，然后让他们预估自己一个月能支付多少钱，最后考虑自己的通信习惯与流量之间的关系。在这样的考虑过程中，模型就逐步呈现出来。学生初步建立起来的模型实际上就是一个分段函数，只不过这个数学模型是比较粗糙的，还需要教师引导学生进一步分析，而这个过程与传统的函数教学高度相关，在此不再赘述。

第三步，分析数学模型，反思建模过程。从数学建模思想的领悟角度来看，由于上述建立数学模型的过程更多的是隐性的，因此必须引导学生进行反思：自己是怎样想到用函数表达式来解决问题的、这个思路在其他的哪些场合中还能运用、这一发现又说明了哪些事情。在这些问题的思考与回答中，当学生认识到通过数学模型可以解决实际问题时，就可以认为学生已经初步形成了数学建模的思想。

第三章　高中数学教学方法及其创新

第一节　高中数学教学方法及其选择

一、高中数学教学的常用方法

（一）单元教学法

传统的数学教学方法，大多是先具体后抽象、先特殊后一般，先局部后整体的顺序，这样的教学无疑是比较精细的，但学生并不能系统地掌握知识。单元教学法即把一个单元的知识看成整体，依据其中概念、定理、公式间的关系进行教学，这样可以使学生系统地掌握数学知识，符合培养学生数学能力的要求，这应该是高三复习课中常用的教学方法。数学单元教学设计完成了由静态到动态、由个人到集体的过渡，其表现的特征主要集中在以下方面。

第一，整体关联性。数学单元教学的整体关联性主要体现在知识内容、教学安排等方面。①知识内容。数学单元教学设计将散碎的数学知识通过单元式主题进行整合，有利于学生从整体上掌握学习内容，形成知识结构的整体性，明确每个单元的内容与学习目标在学期中的地位。②教学安排。数学单元教学设计是基于整体思维的教学设计方式，纵览全局，把教学活动分解成为具体的环节，并且落实到数学教学活动的整体系统中。

第二，动态发展性。数学单元教学设计是始终处于动态发展过程当中的。在数学单元教学设计的实施过程中，教师必然根据教学过程中出现的问题或现状，采取新的教学方案或新的教学计划，对原有的教学方案进行适当的调整。

第三，团队合作性。如果要求一位或两位数学教师来完成数学单元教学设计，则难度较大，因此，在单元教学设计过程中，学校通常会借助教研组或年级学科备课组，并且邀请相关专家、学者一同参与。在教学设计的前期准备、设计实施以及评价修改阶段，都需要数学单元教学设计团队一同完成。

（二）问题导学法

高中数学"问题导学"法是指教师在课堂教学中以问题为载体，通过启发、引导学生解决问题，达到以学生"学习"为根本目的的高中数学教学方法和策略。高中数学"问题导学"法要求教师在组织教学活动中，精心设置出符合教学目标和学生实际的恰当的问题，激发学生积极的思维，并通过课堂教学中教师的有效引导，促进学生将学科知识、技能、方法、思想相互渗透，学习过程、结果与情感相互整合，促进学生认知的主动发展，培养学生的数学素质，提高学生的数学能力；同时，也促进教师不断提高和完善自身的教学素养，使"教师主导，学生主体"的师生关系得到充分地构建。

1. 问题导学法的理论

（1）"问题解决"理论。问题通常是指要求回答或解释的题目，或者说需要研究讨论并加以解决的问题，是数学研究最重要的内容。"问题"与"问题解决"犹如因果关系：有了"问题"，就为"问题解决"提供了一个研究的指向；而"问题解决"的思想方法反之又为"问题"的合理性、可解性提供了检验的标准。就像我们既可以"执因寻果"，也可以"执果寻因"一样，要研究如何设置"问题"，我们可以从"问题解决"的内涵上去寻找和思考，为更好地进行"问题设置"奠定良好的基础。

（2）多元智能学习理论。多元智能理论由加德纳提出，强调以下基本观点。

第一，智能的情境性与社会性。在不同的社会和文化环境下，被人们所认定的智能标准也是不同的，智能的表现形式也各有千秋。某种能力在一种文化背景中被视为有价值，这种能力就该被列为智能。

第二，智能的核心是解决问题的能力体现在解决特定情境中的问题，特别是解决主体所面临的实际问题的能力上，这是人的生理潜能被问题情境激活所表现出来的效能。

第三，创造不仅体现在解决新问题、创造新产品上，也应体现在创造性地解决问题上，而这种创造应是有价值的，即是符合某种特定文化与社会价值标准要求的。

多元智能学习理论为"问题导学"提供了丰富的理论基础。首先，多元智能认为智能的确定是依靠问题情境来决定的，只有在具体的解决问题过程中才能知道这个人的智力水平。而"问题导学"大力倡导的就是要通过设立的问题情境，引发学生展开积极的思考，为学生提供开发多元潜能解决问题的平台，促进学生多元智能的发展，从而从根本上发展学生的智力。其次，多元智能的评价具有强调多元多维、发展性与重过程的特点。在测量与评价领域，多元智能理论除了强调从多种角度来辨识个人能力之外，更主张智能必须经由发现与解决问题的过程来获得验证，不仅要评价结果，更要评价过程。"问题导学"鼓励学生在思考、解决问题的过程中，充分发挥主观能动性，这与多元智能在教学评价的理念上是相通的，在实践中也是相互依赖的。最后，多元智能使学生通过自己的智能优势解决问题，最终实现教育教学目标。"问题导学"充分鼓励教师遵循学生认知规律，注重从学生学情出发组织教学，为学生智能的发展提供空间，为具有不同智能类型的学生提供各展所长、获得成功的机会。可见，努力创造适合每个学生的教育，实现每个学生具有特色的全面发展，是多元智能理论与"问题导学"教学共同的追求。

（3）奥苏贝尔认知学习理论。奥苏贝尔认知学习理论认为，学习的最佳方式是意义接受学习。所谓意义接受学习是指符号表达的新观念与学习者认知结构中的有关观念建立实质性的和非人为联系的过程，其前提条件是：①学习材料具有潜在逻辑意义；②学习者认知结构中具有同化新观念的相应知识结构；③学习者具有意义学习的心向。奥苏贝尔主张学校应采用意义接受学习法，把有意义的讲解式教学作为课堂教学的主要形式。他认为，满足以上条件的意义接受学习是一种主动的学习，他坚信学生已有的先备知识在其后继学习中具有重要的作用，同时，教师对学生经验能力的了解并给予清楚的讲解引导，是形成有效教学的必要条件，教师必须想方设法让学生了解所学内容的意义并配合学生的能力与经验开展教学，学生才会产生意义接受学习。

高中数学"问题导学"教学法将问题的提出和解决作为教学的基本环节，追求满足教学目标和学生基础的双重要求，致力于激发学生学习的主动性和积极性。对问题的设置，强调要遵循学生的认知基础，以"先行组织者"组织学生先于课堂教学前进行知识铺垫，面对生活、实验情境结合已有认知发现问题，提前进入学习状态。同时，要以确定的教学目标来组织富有逻辑性的学习材料，以例题的规范解析和变式拓展吸引、调动学生主动学习的兴趣。对于疑难问题，不放弃集中的讲解，既关注学生的主体地位又要发挥教师的主导作用，既提供精确的分析又全面展示规范的解答过程，让学生的认知从分化走向协调整合，实现主动的意义接受。"问题导学"的这些教学思想深受奥苏贝尔认知学习理论的影响。

2. 问题导学法的运用

（1）合理创设问题情境。课堂教学要体现学生的主体地位，激发学生的学习兴趣和求知欲。创设合理的问题情境可以充分调动学生的积极性，使其较好地参与课堂教学活动，教师在情境中营造轻松、愉悦的求知氛围，可激发学生的潜力，不断锻炼和提高学生的自主学习能力。因此，为了能创设合理的问题情境，教师一定要对教材进行深入的研读，了解学生的认知水平和心理特点。例如，"集合"这个概念较为抽象，如果教师只是单一地进行讲解，学生不能深刻地理解"集合"，更难以对其进行运用。因此，教师在教学"集合"这个概念时,可以创设相应的问题情境,让学生轻松地理解和掌握知识。如以学生的军训活动为例创设问题情境,通过交流、讨论,学生很好地掌握了"集合"的含义;又如,在教学"并集"概念时,教师可以军训中参与汇报表演和未参与汇报表演的班级为例创设问题情境,给学生讲解并集的相关概念,让学生快速地掌握相关知识。

(2)引导学生自主思考。高中数学教学中,教师可以这样运用问题导学法:①针对不同的数学问题,采用旁敲侧击的方式来启发学生,让学生对这些问题进行深入的思考;②如果遇到与之前所教知识、题型类似的问题,可以引导学生找到这些问题与知识间的联系,最终找出解题的方法;③要引导学生灵活运用知识解决问题。例如,在教学"椭圆"时,教师首先要为学生营造良好的学习氛围,为师生间建立一个交流沟通的平台。在交流的过程中,教师可以把椭圆公式及函数知识当作师生间讨论的话题,培养学生的自主学习能力,课堂上,教师把学生分为不同的小组,并对各小组提出相应的问题,让各小组进行讨论。教师要关注学生的讨论过程,确保每位学生都能积极参与。讨论时,学生如果遇到不理解的问题,可以记录在本子上,并在小组汇报环节中提出问题,让教师帮助解决。小组汇报结束后,教师要让学生针对活动进行总结。

(3)给予学生适当指导。问题导学法最主要的是把有一定联系的问题有效地融合在一起,有些数学知识内容在教材中一般都杂乱无章、没有规律,没有一定的系统性,而教师最重要的任务就是找出知识的难点及重点,并对其进行分析,找到其内在联系。例如,"对数函数"的教学难点是函数的性质与图像,教师要根据图像到定义、定义到性质的步骤,开展有效的研究。对数函数与指数函数间的关系是相互影响的,学生只要有一项没有学好,那么另一项也会受到影响,想要完全攻破这个教学难点,教师则要给予适当的点拨,在学生完全掌握之前所学内容的基础上,再开展新知识的教学。

(4)数学知识与生活实际结合。数学是一门比较抽象的学科,但它与我们的生活有着紧密的联系,所以,高中数学教师在教学时应利用问题导学,把数学知识与生活实际结合起来,使抽象的数学知识具体化,让学生对数学知识有更深刻的理解,进而能够运用数学知识解决实际生活中的问题。

(三)引导发现法

根据布鲁纳的"发现说"及维果斯基的"最近发展区理论",上海师院附中提出了引导发现法。该教学法要求教师根据教材的结构特点及学生的思想、知识、能力水平,将教学过程演变成一个一个的发现过程,引导学生通过思考、讨论等各种途径去研究问题,总结知识规律,从而达到获取知识、发展能力的目的。

教师是引导发现法必不可少的一项内容。"引导发现法"教学有三个动词，即引导、发现和教学。引导指教师的引导作用，包括引导学生提出问题，引导学生实践，引导学生解决问题，引导学生归纳总结，等等。其实数学概念的内涵和外延是不断变化的。如积分的扩充，简单积分—无穷积分—三重积分等，每次的扩充都要有新的积分知识加入，并在原有的知识的基础上加入新的运算法则，这样才能逐渐完成积分的理论。由此教师在指导学生学习的过程中一定要强调，在归纳总结时要注意三个方面：一是在原有知识的基础上，要有扩充前的合理想象；二是在原有知识的基础上加进新的知识和新的规则；三是扩展后的新规则要适应原有知识内容。教师的引导作用是在教学过程中，教师必须正确地组织学生、指导学生、激发学生、辅导学生，客观地评价学生，以学生为中心，激发学生学习动机，指点疑难问题，真正让学生的身心结合，真正做到知识与能力、情感与价值观的统一。"发现"是学生在学习过程中发现新问题、新知识，这就体现了学生的主体地位，学生必须通过独立思考，在学习和在实践中发现并提出新问题、分析问题、解决问题。无论是通过小组讨论的方式，还是个人实验研究的方式，最终解决新问题，并在教师的引导下归纳总结知识。

"教学"毋庸置疑指的是教师的教学，而教师的教学不能只是单纯地传授知识，必须创设情境，引导并启发学生，不断探索，以实践为基本出发点，在学生动手动脑的过程中培养学生的思维能力和创新能力，使学生树立正确的世界观、人生观和价值观。

（四）自学辅导法

自学辅导法是中国科学院心理研究所与各省、市、地区教育部门合作研究的，在美国心理学家斯金纳的"操作条件反射说"的基础上，结合我国的教学实际提出的。自学辅导法还吸收了布鲁纳的"认知发现说"，强调学生的主观能动性，注重培养学生自主学习的能力。

1. 自学辅导法的原则

自学辅导法应遵循以下原则：

（1）班定步调与自定步调相结合的原则，这条原则就是把"班集体"与"个别化"这一对矛盾体统一起来，克服了以往程序教学的单纯自定步调而使教师无法起到辅导作用的缺点。

（2）在教师指导下以学生自学为主的原则，这条原则就是把教师的"教"与学生的"学"统一起来，彻底克服在传统教学中学生始终处于被动地位的弊病，进一步调动学生的学习主动性和积极性，也就是要强调自学。

（3）启、读、练、知、结相结合的原则，教学模式应当适应特定的教学方法，更应当适应于某些特定的教学情境。

（4）利用现代化手段来加强直观性原则，随着现代科学技术的迅速发展，投影、电视、电脑、计算机辅助教学（CAI）等现代化教学辅助手段被广泛应用，使教学更加生动形象，提高了学生的学习兴趣。实践证明，采用现代化教学技术是提高学习效率的必由之路。

（5）采取变式复习加深理解与巩固的原则，根据心理学研究，学生学过的知识、技能和技巧还是会遗忘的，用机械的方法不断地重复不如用变式复习效果好。

（6）强动机、浓兴趣原则，学习动机是直接推动学生进行学习活动的内部动力，学习的自我需要更为重要，需要可以表现为兴趣、意向、信念等多种形式。

（7）自检与他检相结合的原则，自我检查能力是自学能力的重要组成部分，在教学中要有目的、有意识地培养学生的自检能力和自检习惯。随着自检能力的增长，他检与自检能力的比重就会逐步发生变化，到了完全能自检的时候，学生自学能力也就差不多形成了。

2. 自学辅导法的模式

自学辅导法的教学模式最大的特点是能培养学生的自学能力，调动师生双方的积极性，提高学生的学习兴趣，形成自学信心和自学习惯。所谓"启"就是每节课教师的开头语，由教师向全班学生进行启发，就是从旧知识引入新问题，明确本课学习的目的，其功能主要是激发学生学习的动机，使他们有迫切需要阅读课本和解决问题的要求，大约5分钟。所谓"读"就是让学生根据自学提纲，以粗读、细读、精读的方式阅读、理解和钻研课本，回答自学提纲上的问题，一是为了充分调动学生学习积极性，对新内容发生兴趣并集中注意力；二是为了确定并发现学生与新内容相关知识水平及存在的问题。

自学辅导法的教学模式一般分为三个阶段：第一阶段是教师领读；第二阶段是提纲导读；第三阶段是独立阅读。所谓"练"就是学生通过动脑动手在练习本上做练习，尽量做到落笔准确。在学生阅读课本回答了自学提纲的问题之后，教师校正答案、解释重难点之后，使学生将自学到的知识进行运用并检查自学情况，加深对知识的理解和巩固。所谓"知"就是当时知道结果，校对答案，自我纠正错误。学生的"读、练、知"交替进行，教师积极巡视课堂，个别辅导。所谓"结"就是对本节课的总结，可以让学生进行总结，教师或其他学生进行补充；也可以由教师向全体学生进行小结，将本课主要内容概括的向班集体讲授，指出上课时发现的问题，让大家进行讨论。

二、高中数学教学方法的选择

（一）依据学习基础选择教学方法

由于教学是师生的共同活动，因此，教学方法的选择直接影响着教学效果的好坏，最优教学方法的选择就尤为重要。而教学方法是否最佳也是相对学生基础而言的，它应根据学生的实际水平而加以综合运用。教师在选择教法时，必须注意学生的基础，若学生学习基础很差，而运用"自学法"或"练习法"是不合适的，而学生学习基础较好，采用"直接讲授法"反而会限制学生能力的提高。从原则来看，在学习基础较差的班级里，要多采用"座谈法""启发法"，这在一定程度上会减轻学生的学习负担，同时减轻或消除学生对学习的厌恶感，有利于激发学生的学习兴趣。而在学生基础较好的班级里，可多采用"自学法""暗示教学法""引导发现法"等，这些方法会起到事半功倍的教学作用，同时更有利于学生创造性思维能力的提高。

在教学中，很多时候都需要把教学内容和学生的实际结合起来，恰当地选择教学方法。例如，当某教材内容与学生已掌握的旧知识内容类似时，可选用"类比教学法"，高中教学中的复数加减法的几何意义就可类比物理学中的矢量关系进行类比教学。当教学内容与学生已掌握的内容基本道理或理解步骤大致一样，但又有个别关键性的地方不一样时，可采用"对比教学法"。例如，在高一立体几何中常常用到同一法和反证法进行对比教学，这样学生就更容易理解两种方法的异同点。

"教有常规，但无定法"，教师在选择教法时，要充分考虑如何更好地把教师的主导作用和学生的主体作用有机地结合起来和发挥好。同时，各种教学方法虽各有特点和用途，但它们又是互相联系、互相补充、相辅相成的。因此，教师在教学中，应根据教材内容特点和教学任务及学生的知识水平，对教学方法进行精心选择或巧妙搭配，紧紧围绕提高教学质量的总目标，努力做到多种教学方法的最优结合，丰富教学研究成果，为培养一代新人多做贡献。

（二）依据学生年龄选择教学方法

高中学生年龄一般在 16~19 岁之间，这时学生身体各器官基本发育成熟，脑机能基本达到成人水平，学习潜力增长，注意力比较集中，自我控制能力增强，基本能把逻辑思想和直观形象结合起来，逻辑思维也基本形成，这时，教学方法的选择应激发学生思维的积极性，可有计划不断地采取"自学法""读启法"等一些教学法。

应该指出的是，在教学中使用一种教学方法，会使学生产生"惰"性。同时，课堂气氛显得单调、呆板，不利于提高教学效果，也不利于学生的个性发展。因此，教学方法尽可能交替运用，这样可保持学生的注意力和对学习的浓厚兴趣。

（三）依据教材内容选择教学方法

不同的矛盾必须用不同的方法去解决。每节课、每章教材内容不同，选用的教学方法也不可相同，而应该根据教学的具体内容作相应地调整。例如，高二代数中对等差数列和等比数列这两个重要概念的教学，由于它们几乎没有多少道理可讲，因此，这样的课采用"直接讲授法"，学生对概念的印象比较深刻且容易记忆，采用其他方法反而不太合适。

教材中能够运用教具的地方要充分利用，这样既可加强教学的直观性，也可激发学生的思维，同时，有利于提高学生的注意力。例如在高一立体几何中学习地球的经度概念时，首先进行教具演示，学生会发现，地球上某点的经度就是经过该点的经线与地轴确定的半平面与本初子午线与地轴确定的半平面所成二面角的度数。

教材中有的例题课可采用"演示法""启发法"和"讲练结合法"；有的概念、公式或定理课可采用"自学法"；有的习题课可采用"提问法"或"剖析发现法"，引导学生逐步探索或剖析发现解决问题的方法，从而达到解决问题的目的；复习课可采用"自学法"或"归纳法"，这样，有利于学生了解教材内容的系统性和知识的框架结构，同时，培养学生的归纳综合能力等。

第二节　高中数学教学中学生的学习方法

一、高中数学教学中学生的合作学习

"合作学习是一种极具实效的教学模式，实行合作学习，有利于激发学生的学习兴趣、培养学生的创新精神与合作意识。"[1] 合作学习是目前世界上许多国家都普遍采用的一种富有创意和实效的教学理论与策略体系。20 世纪 70 年代初兴起于美国，20 世纪 70 年代中期至 80 年代中期取得实质性进展，由于它在改善课堂内的社会心理气氛、大面积提高学生的学业成绩、促进学生形成良好非认知品质等方面实效显著，很快引起了世界各国的关注，并成为当代主流教学理论与策略之一。

合作学习是指学生为了完成共同的数学任务，有明确的责任分工的互助性学习。合作

---

①李茹男．高中数学合作学习的几点体会［J］．课程教育研究，2015（21）：108.

学习鼓励学生为集体的利益和个人的利益而一起学习，在完成共同数学任务的过程中实现自己的理想。合作学习不仅可以培养学生的合作精神、交往能力、创新精神、竞争意识、平等意识和承受能力，而且可激励其主动学习。

（一）合作学习的相关理论

合作学习有着较为厚实的心理学渊源，它以当代社会心理学、教育社会心理学、认知心理学等理论为基础。将心理学理论与教学实际相结合，提高了教育教学效果，得到世界各国大部分教育学者们的好评，至今已成为一种主流的教学方式。其中，在现代社会心理学理论内又包含有动机理论和集体动力理论；教育社会心理学理论内又包含有课堂教学工学和选择理论；认知心理学理论内又包含有认知理论和发展理论。另外，学生之间的友好关系可以有助于从不同层次提升他们的三种心理学状态，即认知、行为和情感。

合作学习教学方式给学生构建了一个可以通过小组合作学习方式来增进同学之间感情交流的平台，为培养学生的良好心理技能奠定了基础。学生之间的互相配合和相互作用，能够促进彼此认知水平的提高。因而，学生的道德观、价值观、语言能力等社会经验和知识是在和其他同学的相互作用中习得的，而合作学习恰恰能够提供这样的平台，以满足学生的发展需要。

从心理学角度分析，人的内心深处总有一个强烈的求知欲望，这一点在学生身上体现得更加淋漓尽致。学习过程本身就应该是一个主动探知的过程，而不应该像传统教学当中所体现出的被动的形式。小组合作学习恰是以一种合作的精神和力量，最大限度地保住了学生那原本天生、自然的求知天性。

1. 动机理论

动机理论研究的是学生活动的奖励或目标结构：合作性结构、竞争性结构和个体性结构。动机理论认为，建立"利益共同体"是促进动机形成的最为有用的方法，因此在课堂教学过程中要尽量有意识地培养学生建立这样的关系。成立这样的共同体能够通过对目标的建构，以及对于学生学习的资源共享、分工、角色分配互换、责任到人和集体的奖励等其他的方式来实现。

例如，个人的成功与失败都与小组紧密相连，这样使得个体与小组之间形成了一个"利益共同体"，这也就是合作性学习目标所提出的设想基础。实际上，在帮助别人的同时也在潜移默化地从不同层面提升了自己。另外，在全员参与、分工合作的过程中，能真正体现出自己在小组当中的分量，从而使得自我的价值感得到满足。只不过这个功劳应归功于全体组员，这是集体的努力成果，单凭个人的能力是无法实现的。

学生的学习动机是影响学生学习活动的一个重要因素，它可以贯穿学习活动的始终。学习动机是基于人际关系的过程所形成的，并体现出一种人与人之间的相互依赖的关系。勒温的弟子道奇定义了三种类型的目标结构，分别是：合作结构、竞争结构和个体结构。动机主义理论认为：小组合作学习目标结构旨在一定的教学情境下，制定集体的学习目标与通过小组成员共同的努力，带领小组最终走向成功。在这个过程中，个人的成功必须是以小组的成功这把尺子作为衡量的。所以，要实现个人的目标，小组的各个成员必须团结一致、齐心协力共同实现集体的目标，因为只有集体的目标实现了，个人的目标才能得以实现。如果以正态曲线来评论竞争性奖励结构中的个体成绩，那么单个学生的成绩的好坏便决定了本组的成绩好坏。可想而知，学生个体的成绩对其所在一组的重要性。

动机原则是美国心理学家布鲁纳所提出的有关教与学的四个原则中的一个。他觉得内在动机的影响比外在动机还要强大，且具有很强的持久性，因此，在这个过程中，教师要善于发现并激励学生的内在动机。

2. 教育学理论

教育学理论主要涉及以下不同观点：

（1）教师要在学生的基础能力之内，通过对问题的提出把学生带领到一个小组讨论式的学习活动教学中，充分发挥学生的潜能，才能真正有效地培养学生解决实际问题的能力。教师根据情况可以给予学生适时的需要性指导，从中也表明了学生在课堂教学中的主体地位。在整个教学活动中，教师所起到的角色是活动的组织者和问题的引导者，这都体现了现代教学论的观点。

（2）教师需要对学生的四种需要进行认真关注，即归属的需要、力量的需要、自由的需要和快乐的需要，这些如同人们每天生活的必需品一样，所以对这四个需要不能忽视，若能满足其中的一个需求，都会给学生带来很大的快乐。他还认为，学校是学生满足需求的重要地方。学生来学校学习和生活，需要满足的是个人的归属感和自尊感，因为，如果有了归属感和影响力，幸福便自然而成。

（3）在人内心深处最大的驱动力就是希望能够在周围的伙伴们面前体现自己的重要性。例如，许多学生在传统的课堂上没有得到认可，而在小组合作学习活动中却显得积极，这可能是学生希望在平时的小组合作过程中获得组员们的肯定与赞赏，此现象恰好解释了他们对尊重、理解和肯定的需要。

（4）虽然现在的校本教育显得有些压抑，学生没办法轻松地学习，但他相信，只要学校能够给予学生人文的关心与温暖，并能站在学生的立场分析问题，能重新建立一种有利于学生人性化发展的教学方式，一切都会好起来的。只有满足了学生内心的需要，他们才会认真开心地学习。此做法无论是对学生，还是对教师身心健康的发展都是很有必要的。

3. 建构主义学习理论

建构主义是学习理论中行为主义发展到认知主义的产物，代表着当今教育心理学领域发展的主流和方向。所谓建构主义学习理论是指，学习者在一定社会文化背景下，借助与他人（包括教师和学习伙伴）的合作活动，通过查阅相关的资料和讨论的方式获得知识的理论。因此，情境、建构、合作、交流组成了小组合作学习中的四大重要因素。

建构主义注重有关学生积极寻求知识的情境，强调学生的主观认识。建构主义观点认为，每个人都有权决定自己对知识的认知情况。由于个人经历和体验的不同，所以对外部世界的认识也有所区别。

教师在教学过程中，不应该让学生被动地接受知识，而是应该发挥学生的潜力，发挥其主观能动性，给学生营造一个主观的学习情境，让他们建构自己学习知识的过程。需要注意的是，学生对知识的建构过程，离不开个人的独立活动和与小团体的交往。从根本而言，人的知识是社会生活中不同主题之间建构的产物。

另外，建构主义学习理论认为，学习过程是个体积极建构知识的过程，而不是学习者被动地接受知识。建构主义学习理论是小组合作学习的重要理论基础，该主义教学思想旨在以学生为中心，鼓励学生的自主学习、自主探究。在建构主义教学中，学习应是一个合作与合作的互动过程，教师与学生以及学生之间都是一种相互合作的关系。建构主义学习理论还认为，每个人观察事物的角度不同，通过小组合作学习，可以增进学习者之间的交流，让学习者看到不同于自己的观点，从而完善对事物的理解，促进学习任务的完成。

综上所述，我们还可以从更多的层面来证明小组合作学习是以建构主义理论为基础的。例如，我们也可以从另一个建构主义代表布鲁纳的"发现学习"来探索，很容易得出建构主义学习理论是小组合作学习的重要理论基础。

（二）合作学习的主要方法

作为一种教学模式，合作学习具有特定的指导思想和理论基础，也有较为稳定的构成要素和操作原则，但这并不意味着合作学习只能有一种操作方案。实际上合作学习有许多种方法，如学生小组成绩分工、小组游戏竞赛、小组辅助个体、交错学习法切块拼接、共同学习法、个人知识交换等。其中小组辅助个体是运用 4 人能力混合小组和对成绩优秀者给予认可的办法来开展活动的。个人知识交换法是一种促进数学课堂上合作学习的特别方法，其特点为：一是学生有机会在恰当的时候单独学习；二是保证每个学生都有机会学习和教授每一类型的学习材料，是一种适用面较广而又有实效的数学合作学习方法。

(三) 高中数学合作学习的问题与对策

1. 高中数学合作学习存在的问题

(1) 教学目标的实现问题。高中数学知识内容更具逻辑性，学生在合作学习解决问题的过程中会遇到很大的难题，因此，如果教师只是简单地提出问题就会使合作学习的困难加剧，学生茫然地开展合作学习活动，解决问题的途径就"围绕教材"和"现代化教学设备（学习机等）"进行，这样的合作学习活动失去了原来的意义，就是让学生集中起来解决问题，没有彰显出数学逻辑思维发展的培养作用。在这样的合作活动组织下，教师提出的问题虽然得到了解决，但是对学生能力的培养目标却没有实现。总而言之，教师赞成合作学习的理念，却不明白合作学习的真正目的，时断时续地要学生去合作学习，这给学生的感觉是合作学习是一种可有可无的形式和手段，而不能形成合作学习的理念。

(2) 合作制度的不规范。合作学习活动讲求轻松、自然，让高中生在和谐的氛围之中完成数学探索活动，这种情境要求使得多数高中数学教师认为，合作学习不需要有较为严格的课堂制度规范，只需要让学生展开讨论，解决问题就可以，这种认知虽有值得肯定之处，但是也会导致课堂合作学习变成形式化的活动，这只是一种表面上的"假热闹"，实际上"活而无序"。究其原因，主要是缺乏小组合作学习的规则，"没有规矩不成方圆"。另外，教师提出合作学习任务后，很多学生就积极地进入讨论的环节，却借此机会聊天、捣乱，使小组合作活动陷入不规范的情况之中。教师虽然也会强调整体的课堂记录，但是对于个别同学在小组内的表现情况，教师往往无法很快得知，使教学效果不够理想。

(3) 合作评价的有待完善。合作评价不能只是评价小组完成任务的情况，也需要对小组内的所有同学有实质性的评价，也就是集体评价和个人评价的结合。但是，在高中数学课堂上，教师为了节约课堂时间，用于讲解较难的数学问题，就缩短了对小组及小组成员的评价，简单地以"完成得很好""还不错"等进行评价，这样的评价，对学生行为没有全面地记录。而且在组内的合作交流和班级内的展示汇报中，发现学生往往不知道该怎样评价自己和他人的表现，慢慢地学生对评价就淡薄了，让评价的力量落了空。分析原因可能在于学生评价的语言匮乏、形式单一，评价往往缺少应有的精彩。

2. 高中数学合作学习问题的解决对策

(1) 营造适宜学生合作学习的氛围，激发他们的参与热情。高中学生的学习还是一种集体性活动，需要一定的气氛。合作学习是所有人都参与的高效学习实践活动，需要充分激发他们的参与热情。营造适合学生合作学习的良好氛围，让学生都能积极参与其中，不断强化他们的合作意识，学生相互探讨，积极思考，共同分享。为此，教师需要精心组织安排小组成员，让有数学兴趣、组织能力较强的学生担任小组长，做好小组内部分工，引导小组之间相互合作，以此营造激烈紧张的学习气氛。

例如，学习曲线与方程的教学内容时，让学生掌握了基本的知识理论以后，给学生设置一组数学问题，要学生对这些方程进行化简，使每个方程都不含有根式。学生四人一组，每组五道试题，前四题分工到人，最后一道试题集体合作完成，先完成的学生帮助未完成的学生，看哪个小组完成正确率最高，速度最快。前四题非常相似，只是换了一个数字。小组内的学生都要完成一道习题，这样，让每个学生都能有具体的任务。类似的习题，让学生来做，又能让他们比较各自不同的思路和方法。如果学生成员有困难，其他同学能够根据自己的思路，引导和帮助，最后在各自理解的基础上共同完成最后一道变化题，让他们能够更好地合作，这样，每个学生都能得到很好的锻炼，小组之间相互竞争，提高他们的合作积极性和热情。教师再进行必要的引导，让学生思考方程的几何意义，进而掌握曲线的定义和标准方程。不仅能够让学生掌握知识，而且能够活跃课堂气氛，激活学生的思维。

（2）精心安排学习任务，积极引导合作探究。合作学习需要为学生安排科学合理的任务，让学生能够围绕具体任务开展合作学习，以此提高学习的有效性。例如，学习概率及随机事件的问题时，教师可以设置抛掷硬币实验的学习任务。首先，将学生分成两个大组，每个大组再分成 6 个小组，每个小组的成员进行 15 次抛掷硬币试验，并记好硬币落地时正面和背面的次数，利用 excel 统计正面或者背面朝上的次数和频率。学生在实验中，通过分工合作，共同参与，每个学生都能参与其中，相互合作，做好统计，根据结果来探究硬币正面或者背面朝上的概率。他们非常积极，且实验非常认真，统计非常细致，并能逐步感知以下一些规律：①抛掷次数越多，正面或者背面朝上的概率越接近 0.5；②虽然抛掷同样的硬币，但是，每次硬币落地时情况不是固定的，带有明显的随意性，这样的合作学习任务具体，目标明确，学生合作有实效，培养了合作学习的能力，掌握了研究问题的基本方式，培养了良好的思维品质。

（3）做好多元综合评价，促进学生全面发展。教学评价是课堂教学的重要环节，也是引导学生高效学习、培养学生自信、促进学生全面发展的重要方式。高中数学合作学习需要做好综合评价，对学生合作学习中存在的问题及时加以引导，促进学生高效学习；对学习中表现出来的创新和优点，及时加以肯定。同时，针对学生的基础和能力，坚持分层评价，确保每个层次的学生都能得到指导和鼓励，引导学生相互评价。在合作学习中，小组内成员以及小组之间相互评价能够更好地指出问题，发现优点，相互学习，共同进步。

例如，学习立体几何线和面关系的内容，让学生合作学习探究这些关系时，小组内基础较好的学生能够深入细致感知这些关系，建立起空间线面关系，而基础薄弱的学生在合作学习中边讨论，边用手、用笔、书本搭建一定的空间结构，或者利用教室的墙体结构，把数学中较为抽象的线面关系转化为比较具体的实物结构。教师对于这些学生的努力和尝试应给予肯定，不能抽象理解就选用直观的实物进行直观感知，把抽象的空间问题具体化，以此鼓励更多的学生尝试操作，这对基础薄弱学生而言是莫大的肯定，也是学习方法的很好推广。

二、高中数学教学中学生的自主学习

关于自主学习在我国理论界有着不同的观点，但教育界普遍接受的观点是：学习自主性是指学生培养和形成的对自己学习负责的能力，通俗而言，自主性学习指的就是学生在学习过程中自己主动地学，能够调整掌握自己的学习，对自己的学习行为负责，使被动的学习转化为主动学习的过程，它是近年来教育领域出现的新的教学观念，目的是培养具有独立学习能力、适应社会发展的学习者。

自主学习是一种学习者在明确学习的宏观教学目标后，在教师的悉心引导下，根据个人的特点和需求，自由主动地选择适合自身的学习目标、学习内容、学习方法，并通过个人控制的学习行为完成具体学习目标的方式。

建构主义认为自主学习其实即为元认知监控的学习，是学习者依照自己的学习能力、学习任务的要求，积极主动地整合自己的学习方法和用功程度的过程。学习者必须充分调动主观积极性，自主地去发现和探索知识，将知识"同化"和"顺应"到自己的认知结构中，并且会通过其他途径尽可能地解决自己学习中遇到的问题，掌握解决问题的方法，最终成为独立的学习者。

（一）自主学习的相关理论

1. 多元智能理论

多元智能理论认为，一个人除了言语、语言能力和逻辑、数理能力两种基本智能之外，还有其他七种智能。每个人在不同程度上都拥有这九种基本智能，个体间的智力差异正是这些智能之间的不同组合表现出的。为此，他强调在可能的范围内使具有不同智力的学生都能受到最好的教育，这基于详细了解每个学生的智力特点的基础，即教师应该了解每个学生的背景、兴趣爱好以及学习强项，确立最有利于学生学习和发展的教学方法和策略。

基于加德纳多元智能的原理，在自主学习学案的设计中，要注意做到两个方面：第一，设计的自主学习学案是分层次的，让不同层次的同学都有适合自己的问题思考，都有合适的题目做，为不同学生的发展提高提供充足的题材。第二，在课后延伸学案中，明确指明是学有余力的同学思考讨论有关问题。

2. "最近发展区" 理论

维果茨基的"最近发展区理论"基本观点是：在学生发展过程中，要确立学生发展的两种水平：一是其已经达到的发展水平，即现有水平，表现为学生能够独立解决问题的水平；二是正在形成、正在发展的水平，即可能达到的水平，但需要他人的帮助。维果茨基将这两种水平之间的差异称为"最近发展区"。"最近发展区"理论认为，教学不应以学生的昨天为发展方向，而应以他们的明天为发展方向，只有这样，才能加速学生的发展。另外，任何学生都存在着一个适合他自己的"最近发展区"。因此，我们教师能否找准每个学生的"最近发展区"，就成为能否充分利用"最近发展区"理论实施教学的重要前提，也是让学生进行有效自主学习的依据。

针对学生的实际情况，找准他们的最近发展区，将最近发展区理论应用于数学自主学习学案教学时要做到：第一，设计自主学习学案的预习学案要通过课前设问去发现学生目前已有的知识水平；第二，根据学生的实际水平提出问题，让学生"跳一跳能解决问题"，让不同层次的学生在不同问题中得到不同的发展和进步。

(二) 高中数学自主学习的主要模式

目前国内较有特色的自主学习模式主要有以下几种：

1. "自学辅导教学" 模式

卢仲衡教授的"自学辅导教学法"，即以高中学生为对象，从一开始就把传统课堂教学以教师讲授为主变为在教师指导和辅导下以学生自学为主。教师要保证每节课学生有连续30~45分钟的自学时间。在此期间，教师不打断学生的思考。所用教材有三个本子：课本、练习本和答案本。学生利用这三个本子进行自学、自练和自改作业。自学辅导教学法的优点在于能更多地调动学生学习的主动性，并且能够更好地发挥教师的主导作用，从而提高学生的学习成绩和培养学生独立思考、独立学习的能力。

2. "自学、议论、引导" 模式

"自学、议论、引导"模式主要包括以下三个环节。

(1) 独立自学，即学生独立地开展学习活动。其核心思想是还给学生学习的主动权，保证学生有自主学习的时间和空间，其活动形式有"阅读""倾听""演练""操作""笔记"等，关键是学生的积极思维和独立思考。

(2) 群体议论。议论是指学生与学生、学生与教师之间开展小组或全班的交流讨论，是合作学习的基本形式。"合作"是"学习"的方式，"学习"是"合作"的目标和内容。

(3) 相机引导，即教师运用点拨、解惑、提示、释疑等方法发挥教师的引导作用。如

创设合适的情境，生成课题，激发研究兴趣，明确研究内容和研究方法。根据学生学习中出现的问题，或进行启发性的描述，使学生得到仿效和借鉴；或对有关问题的前景进行生动的描述，使学生打开眼界，拓宽思路；或列举一些现象，选编一些容易发生错误的习题，让学生深入思考、总结经验教训；等等。

通过教师引导，使学生自学有内驱力、有内容、有方法，使议论有序、有激情、有见地、有深度，最终使课堂学习达到预期目标。

3. "六课型单元教学"模式

湖北大学黎世法创立的"六课型单元教学法"理论基础有两点：一是教学方式一定要适合学生的学情；二是宏观教学方式与微观教学方法的统一六课型即：自学课、启发课、复习课、作业课、改错课、小结课。六种课型实际上是按照学习书本知识的六个不同的基本认识阶段将课堂教学划分的。

第三节　新课程背景下的高中数学教学方法

"新课程背景下，其对高中数学的教学具有重要的帮助，不仅能够使传统的教学方式得到有效转变，而且还能实现课堂教学效率的优化，从而使学生学习数学知识的能力得到切实增强。"[1] 数学是高中的必修学科之一，同时也是较难懂的一门科目。依据社会持续进展的需要，以及高中同学自身拓展的需求，教育机构推出了新型的课程革新。在新课改的背景中，高中数学授课促进素质教学就变得异常关键，要促进素质授课的进行，需要推出与之相符合的高效能的授课模式，采用卓有成效的授课模式。

高中数学施行新课改革，教师是施行的主导力量。就授课教师还有教学工作者而言，新课改革不光是艰巨的挑战，还是很好的契机。广大教学人员需要抓住这个契机，适应新课改革的时代步伐，改变以往的授课理念，感悟数学的新理念，加强教学品质，进而培育出更优秀的高素质精英。新课程背景下的高中数学方法具体内容如下：

教学是教师传播知识、学生获取新知，提高技能与锻炼能力的主要途径。高效率的课堂教学是很必要的，为了构建有效性教学，作为教师，不仅要精心备课，还要重视教学过程，这样才可能提高教学质量。新课程背景下的高中数学方法具体如下。

一、教师精心备课

在新课程背景下，高中数学教学以上课为中心环节，备课是上好课的前提条件，教师

---

①苟发安. 新课程背景下高中数学教学方法的创新研究 [J]. 考试周刊，2022（4）：57.

要备好课、奠定好有效性教学基础就必须做好以下工作：

第一，认真钻研教材，把握教学内容。在上数学课前，作为数学教师，要认真钻研教材，包括钻研教材大纲、教科书和参考书，钻研教材有一个深化的过程，一般须经过懂、透、化三个阶段。懂，就是对教材的基本思想、基本概念都要弄清楚、弄懂；透，就是要透彻了解教材的结构、重点、难点与知识的逻辑性，能运用自如，在教学的过程中知道补充哪些材料、怎样才能教好学生；化，就是教师的思想和教材的思想科学地融化在一起。

第二，深入了解学生。作为高中数学教师，不仅要了解学生原有的知识、技能和兴趣，还要了解学生的学习方法和习惯，并在此基础上，对学生学习新的知识会有哪些困难，出现哪些问题等作出预测以采取积极的对策。

第三，合理选择教法。选择合理教法，就是指教师需要解决如何把自己已经掌握的知识传授给学生的问题。合理选择教法主要包括如何组织教材、如何确定课的类型、如何运用各种方法开展教学活动等，另外，也要考虑学生的学法，包括预习、课堂学习与课外作业等。

二、重视教学过程

在高中数学教学中，教学过程很重要。学生对新知识的理解、巩固，不可能一蹴而就，学生的学习始终处于一个发展、动态的过程。因此，作为教师需要根据学生身心特点，灵活选择教法，重视教学过程，让学生轻松掌握所学知识。重视教学过程主要体现在以下两个方面。

第一，精心创设课堂教学情境。在高中数学教学中，教师应精心创设课堂教学情境，就是指数学教师需要借助教学内容和知识的可塑性，有目的地创设数学教学情境，情境要适度生活化，应与相关学科内容有联系，且在教学时一定要从授课内容出发，从学生实际着手，只有这样才能真正创设课堂教学的好情境。当然在新课的教学中可创设趣味问题情境，引发学生自主学习的兴趣，在习题课的教学中，可创设开放性问题情境，引导学生积极思考，让学生主动参与讨论。

第二，设置有效课堂提问。在新课程背景下的高中数学教学中，课堂提问是教学的手段之一，设置有效课堂提问让学生处于一个积极的状态，不仅能为学生的发展提供一个广阔的空间，而且能在教学过程中恰当地引导和有效地提问来激发学生学习兴趣，促使学生积极地去探讨新知，使教学效率最大化，而不是提出一些机械的问题。

总而言之，在新课程背景下，课程改革的核心就是课程实施，实施的基本途径是课堂教学，就数学这门学科而言，教师作为课堂教学的主要参与者，也是课堂教学过程中不可缺少的引领者，在教学实践中，教师的教学方法、教学风格乃至教学理念对课堂教学质量都有很大的影响，所以作为高中数学教师，应积极投身于课堂教学之中，用自己的眼光发现问题，用自己的思考分析问题，用自己的智慧解决问题，使学生对数学有兴趣，提高课堂教学效率，给学生节省更多的学习时间，以期学生能得到全面发展和学习成绩的提高。

三、以学生为主体

在新课程背景下的课堂中，学生是课堂的主要参与者，教师应该明白，学生的学习是从手、眼、脑的协调开始的。就高中生而言，通过操作为主的教学活动可以使他们与学习内容距离缩短，从而能直接开展的学习认识活动。例如，在数学教学活动中，一些操作起来相对容易的活动，教师就可以让学生自己动手实践，像数学中的全等、对称图形等，可设计以学生操作为主的教学活动，让学生参与教学活动，为有效性教学提供保障。

四、培养学生思考水平

目前高中数学课上，大部分同学存在课前不预习、课上不认真听讲、课下不会做题的问题，这严重影响了数学授课实践的平稳开展。对于这种情况，教师务必在有限的课上授课实践中，加强授课的效率性，指引同学主动思考，培养同学的思考水平。

例如，教师在讲授湘教版高中数学必修三《空间几何体》一课时，教师就可以运用现代信息设备，搭建生活情境施行授课填充，让同学更有效地了解教材的基础知识。在这个过程中，教师不仅可以呈现多种多样的立体图形，而且可以要求同学把立体图形按照一定的规则实行分类。随后教师便可以开始为同学讲解课本中的理论知识点，让同学在熟悉教材基础知识的前提下，平稳展开下面的授课任务。教师可以展示圆柱、棱柱、多面体等实物与立体图形，指引同学对物体进行仔细观察、探讨、分析和比较，最终总结出多边体的定义。

总而言之，虽然同学在授课活动中耗费了很长的时间进行实践，但学生都可以精准地总结出几何体的构造特性，最终顺利达成了学习工作。

五、强调学生个性发展

新课程革新倡导授课实践要展现推动学生进展这一基准信念。教师是课上的组建者、指引者与考核者，而不是课上教育实践的中心，学生才是教师授课服务的对象。因此，教师在授课的途中，要时刻以学生为中心，根据学生学习进展拟定课上授课目标，重视同学的个性发展，并且展开分层授课。

例如，教师在教授湘教版高中数学必修一《函数的概念和性质》这一课时，将教材上的例子呈现在屏幕上，让学生思考下面的问题：炮弹的射高和时间存有怎样的关系；南极的臭氧空洞面积和时间变化间的关系等。让同学先进行一段时间的思考，随后教师邀请同学来回答这些问题。

由于同学的学习水平不一样，假如采取单一的授课方法不仅不能让学习水平差的同学跟上授课进程，而且不能帮助已经学会这个知识点的同学加强学习水平，因此，教师就可以采取分授课方法，让每位同学都可以有所收获。在授课活动中，教师依据授课现实情况调节授课方式，展开分层授课，合理规划授课内容，让每名同学都可以有所成就。

总而言之，新课改落实以后，课程标准对高中数学的授课实践提出了更严苛的要求，教学人员需要持续优化授课理念，用领先的授课思想和理念来带动头脑，为同学创建一个富有活力、富有乐趣性与趣味性的有效性教学。所以，在现实授课中，高中数学教师要遵循新课标的要求，提升课上授课效率，推动同学的全方位发展。

六、营造和谐的人际关系

在教育的过程中，营造融洽和睦的师生关系，无论对教师的"教"还是对学生的"学"都是非常必要的，因为这样会使学生有一个愉快的学习情绪，会激起学生的学习兴趣。尤其是高中数学教师，他们由于任课时间相对较少并且与学生交流的机会较少，因此容易让学生对他们产生严肃的印象，甚至使学生觉得教师令人害怕。所以，在平时的课堂中，教师应多与学生交流、亲近，与学生建立民主和谐的关系，学生才可能喜欢这位教师，并且喜欢数学这门课程，进而产生学习的兴趣，那教师的课堂效率也就会随之提高了。

新的课程改革要求高中数学教师在授课时以高中生为学习的中心。教师的角色要从以前的确定者演变为同学学习流程中的参与者以及指引者，同时，高中生在学习的途中要从以往参加者的身份逐渐变为组织者以及确定者。在新课程改革的背景中，教师在同学学习过程中起到指引与参加的作用，其主要表现在全方位指引与适时参加上。

例如，教师在给同学讲授湘教版高中数学必修一《几何与函数》这一课时，教师应该在讲述完课堂内容以后，提出有关的问题，让同学划分成小组自行探讨、探究函数的兴致还有函数之间存在的内在关系。教师应该在旁边观看同学探讨与探究的成果，并在适当的时机指引同学该怎样处理问题，而不是一直重复在讲述课堂上的内容，并且让同学在课下做大量的习题。教师在授课的过程中应该搭建起轻松愉快的课上学习环境，唤起高中同学学习数学知识的主动性，使学生在课堂上大力发挥自身的个性，发挥学生的想象力。

总而言之，学生们会在持续探讨和探究的过程中，更加积极并主动地琢磨有关问题，持续地发现并把控诸多优良的解答方式，从而提升高中生在学习过程中的自信心，让同学变为数学课上真正意义上的指导者、抉择者，同时也锻炼了同学的创设性思维。

第四节　高中数学教学中的多元化创新方法

一、基于微课的高中数学教学创新

微课教学是以现代教育理论为基础，根据反馈原理与教学评价理论，以受训者掌握某一特定教学技能为目标，以微型班为教学对象，利用先进的现代媒体技术培训教师教学技能的活动，它是将复杂的教学活动细分为许多易于掌握的单一技能，在有控制的现代视听教学环境中逐个开展示范观摩—训练—评价—再训练，以提升受训者的教学技能水平。

微课教学作为一种新的教学模式，已经在高中的课堂上开始应用。但是也由于微课这种教学模式受到学校的硬件设备的影响并没有广泛应用。因此，想要微课这种教学模式在高中数学教学中广泛应用，还需要高中数学教师做具体的规划。在高中数学教学中利用微课这种教学模式，不仅能提高学生对高中数学的学习兴趣，而且能够帮助学生提高对高科技技术的深刻理解。基于微课的高中数学教学的方法具体如下。

（一）微课的准备和制作

高中教师想要利用微课教学需要做好充分的准备。首先，要考虑到所教授的课程适不适合微课教学，考量的标准是微课教学能不能够让学生更有效地学习；其次，高中数学教师要考虑到学生的实际情况。因为同一个班级用一种教学模式，要考虑到底有多少关键点能被学生所接受。高中数学教师根据自己的经验综合考虑之后就要进行微课制作。

（二）微课的课前展示

微课教学模式想要在高中数学课堂上充分发挥作用，就要做好充足的准备。而微课在教学设计时大多数都是 10 分钟以内，想要充分地利用这种教学模式就要充分利用课堂时间。在课前准备时，就可以充分利用微课对学生进行教学，引导出整堂课的教学内容。通过这种课前展示的微课教学方式能够引导学生更好了解这堂课的教学内容，提高学生对这堂课的兴趣，并且通过学生自己发现问题来提高学生的自信心。在高中数学中实施微课教学也是提高学生综合素质的一种方法。

（三）微课的课上引导

微课教学作为一种新型的教学模式，不仅可以用于课前展示，而且可以用在课上引导。因为高中数学在高中的众多学科中是比较难的一门学科,对一些逻辑思维能力不强的学生而言,有些问题是很难理解的;而枯燥乏味的传统数学教学模式也很容易出现学生提不起兴趣、疲惫的现象。所以,高中数学课堂上可以适当采用微课教学,激发学生的兴趣,从而提高学生的学习能力

(四)微课的课后活动

高中数学想要在课上完全理解几乎是不可能的。大多数的学生都会利用课前预习和课后复习来提高自己整体的数学水平。而想要充分利用这些时间,学生就要付出加倍的努力。教师可以借助微课帮助学生利用好这些时间,起到事半功倍的作用,同时还能拉近师生之间的距离。

二、基于大数据的高中数学教学创新

(一)培养高中数学教师数据素养

1. 激发学习动力,促进数据教学

(1)健全考核标准,激发教师数据素养发展的外部动力。教师数据素养成长的外部动力来自学校对教师有效的评估机制与激励措施。为促进教师数据素养的发展,建议学校转变对教师考核评价的方式,从关注课程完成和学生成绩的评估转变为综合性的绩效评估。例如,相关学科的数据教学行为、教学情境创设、教学资源贡献等,并可以与其他相关部门和机构针对学科特点制订教师数据素养的发展规划,确定详细的、可操作的评估标准,形成在岗教师数据素养水平测评制度,然后将之加入教师业绩考核,使数据素养成为测量教师职业能力水平的重要依据。

(2)倡导数据教学,推动教师专业发展需求的内部动力。培养教师数据素养的实质其实就是倡导教师在教学活动当中积极应用数据进行教育实践,满足自身专业发展需求的过程。教师的应用数据教学能力是教师数据素养发展的核心所在,应倡导基于数据的教育改革,强调"用数据说话""以数据为证"的教学方式,激发教师数据素养生长的内部动力。学校应实行表扬与奖励机制,激励教师积极参与数据教育实践,在探索应用数据的过程中发现问题,提出创新见解,增强实践操作能力,满足教师的职业成就感,促进其应用数据能力的进步。首先,教师会对周围的教育数据越来越重视;其次,会思考如何去分析和利用这些数据,以调整自己的教学决策;最后,当教师意识到每个学生的不同需求时,使用数据开展教学的紧促感就会变得极其强烈。这一整个复杂的心理路程将促使教师自主提升数据素养。

2. 优化资源建设，便于数据获取

（1）完善数据系统，为数学教师使用数据提供实践条件。教师数据素养的提高需要外力支持，数据系统是教师得以收集数据和处理数据的操作平台。我国教育部门可以完善现有的教育数据系统，加强关于教师数据应用的规范和标准建设，转变教育数据系统的传统行政管理模式。完善数据系统可从教师收集数据与处理操作两方面来进行：①连通各级教育单位的教育教学相关数据，在注重数据安全的前提下有序开放公共数据资源，为教师提供充足的教学数据和学生学习数据。②积极优化数据处理功能，提高教师的数据利用效率，节省教师的数据检索和数据获取时间，尽可能分担教师应用数据的前期工作量，使教育数据系统成为教师获取教学资源、进行数据分析的重要支撑平台。

（2）建立校本资源，优化数学教师的校园数据管理环境。校园数据管理环境是教师数据素养发展的基本保障。因此，可以把广大教师的数据资源聚集在一起，建成校本化的数据资源库，完善学校的数据管理环境。建立校本资源可以从三个方面展开：①强化校园数据平台的管理，设立有专门人员维护的教育大数据平台，便利数据录入和输出的途径，实时整理翻新各种数据资源。②不断改善教师的工作条件，按照各校数据素养发展需求、数据驱动教学计划以及统筹规划，合理采购教师实施数据驱动教学所需要的基础设备，如录播设备、高拍仪、数码点阵笔、可穿戴设备等。③整合数据资源，建立学校、教师、学生等教育数据资源库，为数学学科甚至带动其他不同学科的教师开拓数据思维，提供获取分析数据的便利。在整合数据资源的过程中，学校数据资源库的建设也非常重要，工程也极为浩大，需要有学科建设、师资建设、数字化建设、文化资源等各方面的数据建设，这依赖于学校管理者、所有教师、学生以及家长的积极配合。

3. 开展专业培训，学会数据处理

（1）增设专业教育，奠定数学师范生教师数据素养基础。从师范教育的课程开设情况来看，目前少数学校开通了"教育测量与评价"这一课程，且包含的内容只是教育评价的基础知识和通常的测量方法，从时代需求的视角来考虑，已经无法适应大数据背景下教育教学的基本要求。为促进教师数据素养的发展，建议将数据素养纳入我国师范教育培养目标体系当中，在数学专业教学中渗透与数据素养有关的内容。例如，在数学师范生培养中增加数据获取、处理、交流与应用等与数据素养相关的一系列课程，并给学生提供数据驱动教学的实践机会和场所，为今后教师数据素养的发展打下坚实的基础。

（2）强化职业培训，保障在岗教师数据能力的发展。教师数据素养的提升，不能仅仅依靠师范院校开设的相关课程，还需要通过专门的培训与实践来不断巩固和强化。因此，学校应强化教师数据素养的职业培训，充分利用大数据技术分析受训教师的学科背景、兴

趣爱好、科研习惯、思维方式、职业角色、现有数据能力等因素，根据不同需求情况将教师分类别、分层次进行有针对性的个性化培训。在教师数据素养的培训过程中，要充分把握教师的接受度，要符合教师的学科专业要求，开展包括数据基本知识与道德、数据检索与获取、数据分析与解读、数据评价与管理、数据应用与创新等多层次的数据素养培训，使教师掌握数据教学的"知""思""行"。教师数据素养的培养可以采用国培、省培、校本等培训方式，开展线上与线下混合培训活动，建立起完善的联动型教师数据素养培训体系，不断提升教师的数据处理能力，发展教师的数据素养。

4. 搭建同济平台，加强数据交流

（1）组织教学研讨，开展教师数据素养的校园团队合作利用数据来表达、沟通与协作，进一步为学校创造一个合作并进的数据氛围，是教师数据素养可持续发展的动力。教师间应该加强数据交流，同时学校应积极邀请与数据相关的教育专家，围绕数据获取、整理、解析、使用等方面与教师进行指导交流。除此之外，还要经常组织开展数据驱动教学相关的研讨会、成果交流会等活动，积极宣传数据应用于课程教学的成功案例及成果，协调学校领导力、组织结构、培训师和教师等各方面的团队力量，促进教师对数据的研讨交流。团队合作已被证实是发展教师数据素养的有效途径。

（2）共享数据资源，构建教师网络学习共同体交流平台。在大数据背景下，教育数据呈现爆炸式增长，教师间的交流与共享变得越来越重要。从课程数据的完整性角度来看，单个教师供给的数据是从个人视角形成的，不易表明整个学科中的数据概貌，而全体教师的数据是从多个角度形成的，更有利于学科数据的建设。教师之间（特别是同一学科）的数据共享和相互借鉴，能够帮助教师弥补遗漏的数据资源，形成完整的数据链，加深处理和使用数据的程度。联合教师全体的资源力量，建立学科数据以供教师参考，是培养教师数据素养的关键任务之一。因此，需要搭建学科数据交流与共享平台，为教师间分享教育数据资源、交流数据教学认知提供便利，帮助教师增进对教育数据的理解。同时，可在平台上推广优秀的应用数据改进教学的案例，供广大教师应用参考，促进教师网络学习共同体的形成。建立网络学习共同体可以使良好的群体数据习惯带动个体教师，帮助他们克服对数据思维的抵触和畏难，使其勇于使用数据改进教学，推动教师数据素养的自主发展。

（二）构建基于大数据的学习环境

当前大数据在各个领域的应用十分广泛，其在电子商务领域已经十分成熟，为人们的生活提供了便捷，人们也越来越关注"个性化""数据挖掘"等这些专有名词。同时，大数据也得到了教育界的广泛关注，教育研究者也在纷纷探究大数据在教育领域中的应用。

当前的网络学习环境中，网络学习者在源源不断地增长，网络学习平台多种多样，学习资源的形式也不尽相同，学习资源的井喷式增长导致"信息过载"现象越来越严重，人们无法从海量的学习资源中准确地获取自己需要的学习资源。如何利用大数据记录学习者的学习轨迹，分析学习过程中产生的数据，归纳学习者的兴趣偏好，为学习者推荐最精准的学习资源，提高学习者的网络学习效率，为学习者构建个性化的学习环境是我们当前要解决的重要问题。

大数据时代的到来引发了学习理念与学习方式的变革，学生从内容的消化者转变成内容的创建者，学习从课堂走向环境，技术的发展和学习理念的转变触发了学习环境的变革。大数据引领下的在线学习，能够实现全方位地跟踪、记录、掌握不同学习者的特点、学习需求、学习行为和学习基础，根据学习者的特点建立学习模型，为不同类型的学习者打造个性化的学习策略、学习工具、学习资源、学习活动，每个学习者的学习内容不再千篇一律，会根据学习者的学习轨迹动态呈现，为学习者营造个性化的学习环境，使学习者从学习中真正找到幸福感。

大数据下的个性化学习环境中，可以根据一系列内嵌的学习支架以及学习模板进行自定步调的学习，同时收集学习者的基本数据和在学习过程中产生的数据，对其进行分析，发现学习者目前存在的问题，然后对其当前的学习步调做调整，推荐给学习者适合的学习资源和学习路径。大数据下个性化学习环境的整合具体如下。

1. 收集前端数据

学习者基础数据库包含了各种基本信息，如学习者登录时注册的用户名、性别、年龄、年级、专业、爱好等。收集学习者以前的学习信息，需要对学习者先进行一个问卷调查，然后出一套试题进行摸底测试，并对学习者进行学习风格测试，发现学习者哪方面知识比较薄弱，看哪种学习方式更适合学习者。

为确保能给学习者提供最适合的学习资源和学习路径，不仅要依靠其学习过程中产生的数据，还要参照历史学习数据。学习者的基本数据会反映出学习者当前的知识储备、努力程度、学习偏好、学习风格等信息，塑造出一个更加立体的学习者形象。学习者基础数据库主要运用平台的数据库进行查询挖掘，其可以实现用户的注册信息汇总以及审核。系统的数据库查询分为多个模块，如"用户在线""跟踪日志""电子作品集"等，可以实时查询学习者的行为状态。平台的数据库查询是手动查询和自动查询相结合的。

2. 挖掘过程数据

建立学习过程数据库是大数据资源整合的关键一步，可以利用系统的 Web 日志挖掘和平台的数据库查询相结合的方法，对学习者学习过程的数据进行挖掘，这两种方式结合的好处是弥补彼此的不足，利用 Web 日志挖掘可以了解平台总体的使用情况，包括网页浏览次数、各种点击次数、访问者数、访问时长等。平台资源的使用情况包括最常见的：访问路径、进入页、退出页、网页、动态页、下载最多的文件等，有助于挖掘出最受欢迎的学习资源和最流行的学习模式，了解访问者的点击数分布及地域分布，了解每个时间段的访问数、点击数，找出学习者学习最活跃的时间段，有助于合理安排学习者的学习时间。利用 Web 日志挖掘可以挖掘学习者在学习过程中产生的数据，为学习分析提供有利的条件。

（1）Web 日志挖掘。Web 日志挖掘可以收集学习者在网上的浏览信息，了解学习者日常学习行为，挖掘学习者的浏览习惯，分析学习者的学习兴趣。挖掘数据主要包括学习者的注册、登录信息、资源搜索查询信息、学习者的点击信息、日志文件等。Web 日志挖掘主要是对学习者在平台访问过程中产生的浏览数据进行收集、分析、整合。

（2）Web 数据预处理。采集学习者访问平台的原始日志文件，不能直接用来进行数据挖掘，需要对原始的日志文件进行处理，过滤掉无用的浏览记录，删除与挖掘数据算法无关的数据信息。为了能够清晰地看出数据处理以后的日志记录，在个性化学习平台开发过程中建立学习者行为数据库，数据库中存储浏览信息表，然后把这些处理后的数据放入这个浏览信息表里。

3. 构建实时学习模型

（1）实时模型信息的采集及处理。学习者实时模型的构建通过对学习者的分析进行获取。在大数据时代，学习者与平台进行人机交互，系统会对学习者在学习过程中产生的数据进行挖掘。对学习者的分析需要在一定的理论规定指导下进行，系统利用数据挖掘技术和分析技术对学习者产生的数据进行有效的提取。数据挖掘是一个巨大的工程，需要把一系列繁杂的数据进行筛选和处理，最终形成学习者模型。

（2）初始信息采集。为了解决冷启动问题，当学习者初次使用该个性化学习平台时，需要对学习者的初始信息进行采集。采集信息主要从两个方面：①根据学习者将要进行的学习内容，对学习者已掌握知识情况、知识水平进行测试；②对学习者的学习风格、文化背景、兴趣爱好等进行测试。对学习者初始信息的采集，首先需要采集学习者登录平台的注册信息；其次是对学习者学习风格、兴趣爱好等进行测试，需要使用在线问卷调查；最后对该部分学习内容掌握情况进行知识能力测试。通过学习者的注册信息以及作答情况，根据学习者对知识的掌握程度，对学习者进行资源推送的结果也会进行实时的更新，推荐的学习资源需要与学习者的认知水平相匹配。初始信息的采集是学习者模型构建的一个重要组成部分，学习者在学习过程中产生一系列有用的数据都会被记录在学习者的初始信息库中。

（3）初始信息处理。采集学习者的初始信息之后，需要对学习者的初始信息进行处理，根据一定的方法进行分析，构建初始的静态学习模型。学习者信息库中存放学习者初始采集到的数据信息，通常情况下这些信息相对比较杂乱，不能直接用来描述学习者的特征。在实际应用过程中，平台会根据一定的关联规则对数据进行分析归类，得出学习者的特征值，与资源库学习者的特征进行匹配。平台对这些数据进行分析、处理之后，根据资源库中的评价体系得出学习者基本的知识水平、认知能力以及学习偏好等信息。

（4）动态信息采集。将学习者在学习过程中产生的行为数据归纳到学习者数据库中，利用学习者分析模块，对学习者的行为数据进行分析，修正学习者的静态学习模型，从而形成学习者的动态学习特征模型。动态学习模型的构建和修正是实时学习模型构建的核心。动态学习模型研究的是学习者在学习过程中产生的行为数据。学习者的行为特征是隐性的信息，不需要学习者的刻意表达，系统能够自动收集学习者学习过程中产生的数据，如学习者的检索内容、学习进度、在学习过程中的讨论情况等都会进行信息的采集。为了使静态的学习模型过渡到动态的学习模型，需要收集学习者的动态行为数据，通过数据挖掘技术和行为分析技术，进行分析总结，并记录学习者的学习路径、学习内容、学习重难点等，更新学习者的学习模型，构建动态学习模型。

（5）动态信息处理。平台收集学习者的行为数据记录到行为数据库中，对数据的处理是最为关键的部分。如果关联数据库中的信息与每个学习者的个性特征相匹配，会导致庞大的检索工作，信息的处理速度会缓慢，增加系统的运算量。为了解决这个问题，利用数据挖掘技术对学习者的信息特征进行预处理包括：学习者网页检索信息、Web 日志记录、人机交互信息、查询的关键字、浏览网页等在内的事项。在学习过程中，系统会收集这些信息作为基础，数据的预处理主要包括数据的挖掘和分析两部分。行为数据库中收集到的行为信息是杂乱无章的，平台需要对这些数据进行筛选，删除无用信息，对有用数据的分析结果存放到数据库中。平台的系统结构由客户端、Web 服务器、数据库组成。

（6）情感体验调控。基于马斯洛需求层次理论，学习者情感上的需求比生理上的需求更加细致。在传统的课堂教学中，注重培养学习者的学习兴趣，激发学习者的学习动机，注重学习者在学习过程中的情感体验，而网络在线学习主要锻炼学习者的自主学习能力。自主学习需要积极的情感和内部学习动机，内部学习动机需要积极的心向才能促成。所以，在构建个性化学习环境时，要更加注重学习者学习动机的培养，对学习者的情感进行实时的调控。

第一，情感挖掘。挖掘学习者在学习过程中的情感因素，提升学习者在学习过程中的积极性，增强学习者在学习过程中的情感体验，文本情感分析主要是指分析学习者对学习环境中的学习资源、学习工具等，情感表达的态度是积极还是消极，主要目的是挖掘学习者的主观意见，调控学习者的情感体验，吸引潜在学习者，对学习环境中的各要素做调整，如"高兴"是积极情感词语，"烦躁"是消极情感词语。不同词语中包含的情感倾向性是进行情感分析的基础，需要构建一个完善的情感词汇库，对词性进行划分。

第二，学习进度。当学习者进入个性化学习环境中时，对学习者的在线学习时间后台大数据进行实时监控与分析。例如，当学习者长时间驻留在一个学习内容页面时，通过后台的数据统计分析，该学习者在学习这部分内容时可能出现困难，产生学习倦怠，可能会出现消极的学习状态，这时需要我们对学习者的情感进行调控，可以换一种形式推送学习资源，推送负载较低的学习资源，或者学习者感兴趣的娱乐信息，甚至一个线上的游戏；当学习者一次登录时间较长、学习内容较多时，说明学习者学习效率较高，平台可以继续呈现相衔接的下一部分学习内容，充分利用学习者良好的学习状态，提高学习绩效。若学习者浏览其他网页没有及时登录学习平台时，就会自动弹出学习提醒，通过一定的情境将学习者的注意力集中学习中去，实时地对学习者的情感进行调控。在每个模块学习完成后，可以采用一个奖励机制，使短时的学习积极心态固化为在学习组织中获得其他学习者的关注与尊重，激发更高层次自我实现的动机。

第三，答题准确度。有的学习者在答题过程中会反复地修改自己的答案。究其原因，开始做题的时候就不确定自己的解题方法是否正确，作答后仍对自己的答案有所怀疑。这种心态会使学习者反复修改答案，而且越改变越不自信，在之后的答题过程中也会影响学习者的心态，无法使自己专心做后面的习题。这说明学习者对这部分的学习内容还没有充分掌握，即使做对了，也存在一定的问题。通过后台数据分析学习者修改答案的次数，表明学习者对当前的问题存在一定疑虑，系统需要给学习者推荐这部分的学习内容，使学习者加深理解。在测评过程中，根据学习者的答案，分析学习者每个选项，以及错误原因，根据错误的原因，对学习者进行纠错，对知识点进行再次讲解，并给学习者继续推荐类似题型。

第五节　高中数学教学的创新模式

一、高中数学教学中的深度教学模式

深度教学的操作框架可以归纳为：一个终极价值；两个前端分析；四个转化设计；四个导学模式。其中，价值导向是深度教学的核心价值，分析、设计与引导是深度教学的三个实践环节，分析与设计之间、设计与引导之间以及引导与分析之间则形成双向生成的互动关系。

（一）"一个终极价值"

"一个终极价值"是指促进学生的意义建构与持续发展，人是意义的追寻者和存在物，是意义的社会存在物。人在意义中存在，在存在中发展，在发展中不断提升意义。正是意义，成为人的存在之本和发展之源。凡是有点深度的教学，都必须立足于学生作为人的这种本质规定性，引导和促进学生的意义建构与持续发展。这是深度教学的核心价值和终极追求。

所谓"意义建构"是指学习者根据自己的经验背景，对外部信息进行主动的选择、加工和处理，从而获得自己的意义，获得基于自身的而非他人灌输的、对事物的理解。"意义"大致包含三种含义：①语言文字或其他符号所表示的内涵和内容；②事物背后所包含的思想和道理；③事物所具有的价值和作用。具体而言，深度教学条件下学生要建构的意义主要包括以下两个层面。

第一，知识层次的意义。知识层次的意义主要涉及知识的产生与来源、事物的本质与规律、学科的思想与方法、知识的关系与结构以及知识的作用与价值。

第二，生命层次的意义。人的生命的核心是精神生命，所谓人的生命意义其实就是人的精神意义。这就是说，生命层次的意义其实就是学生的精神意义，在教学条件下学生的精神意义主要包括五个方面：需要与兴趣；愿望与理想；意识与思想；情感与精神；价值与信仰。

（二）"两个前端分析"

"两个前端分析"是指学科教材与学生学情的深度分析，学科教材的分析状况在很大程度上决定着学科教学内容的深度，学生学情的分析状况又在很大程度上影响着学生学习过程的质量。学科教材与学生学情的深度分析是深度教学的两个前提。

学科教材的深度分析主要表现在四个方面：①深刻性，即超越学科教材的表层，深刻把握学科教材的本质与内核；②完整性，即超越学科教材的"双基"，能够从多个维度把握学科教材的完整内涵；③反思性，即超越学科教材的具体性知识，反过来领会具体性知识背后的本体性知识；④整体性，即超越学科教材的局部认知，善于从整体上把握学科教材的基本结构。

学生学情的深度分析要从三个方面着手：①前理解。深入分析学生的先见、先知和先验，从中定位学生学习的关节点和困难处。②内源性。深入分析学生的兴趣、情感和思维需要，从中定位学生兴趣的引发处、情感的共鸣处和思维的迸发处。③发展区。深入分析学生的最近发展区，从中定位学生学习与发展的层次序列。

（三）"四个转化设计"

"四个转化设计"是指从目标的内容化到活动的串行化，从实质上讲，教学结构其实是学科教材结构和学生心理结构的深层转换，而学生的学习与发展状况其实取决于教学结构的状况。换言之，教学设计必须抓住教学实践中的若干关键转化环节，做好转化设计。基于学科教材和学生学情的深度分析，深度教学需要做好四个转化设计：目标内容化、内容问题化、问题活动化与活动串行化。

1. 目标内容化

在做好学科教材和学生学情两个前端分析之后，教师首先需要做的是深度教学的目标设计。深度教学的目标可以从三个方面加以考虑：①体现终极价值。深度教学的目标设计始终都要将促进学生的意义建构与持续发展作为终极价值追求，其中的关键是确定学生意义建构的内容和程度。②聚焦核心素养。深度教学的目标设计要对着重培养学生的核心素养加以明确的定位。③兼顾三维目标。深度教学的目标还要全面兼顾新课程教学的三维目标，即知识与技能、过程与方法、情感态度与价值观。

2. 内容问题化

教学内容，在没有与学生发生关联之前，就是一种外在于学生的客观存在。如果教学内容始终不能与学生发生某种实质性的关联，课堂就不可能产生任何有深度的教学。将外在的教学内容与学生的主观世界沟通起来，其中一种有效的实践方式就是学科问题的设计，即教学内容的问题化。在这里，学科问题具有多重深度教学的价值与作用：①学科问题是学科与学生的关联器，能够沟通学科教学内容与学生内心世界之间的联系，从而为学生的深度建构提供认识上的前提。②学科问题是触及学生心灵深处的触发器，能够不断激发学生的兴趣、情感和思维。③学科问题是促进学生持续建构的维持器，能够在很大程度上促进学生不断的建构。因此，将精选出来的教学内容转化设计成恰当的学科问题，成为深度教学的第二个设计任务。

3. 问题活动化

如果说学科问题是沟通学科教学内容与学生内心世界的关联器，是触及学生心灵深处的触发器，是促进学生持续建构的维持器，那么这三个方面的价值和作用最终还需要借助活动这个机制才能实现。在这里，问题与活动构成了一种双向建构和相互支持的关系：一方面，问题为活动提供了目标、内容上的依据和动机上的支持；另一方面，活动又为问题的提出与探究提供了平台。不仅如此，活动不仅是教学的基本实现单位，而且是学生学习与发展的实现机制。在深度教学中，学生正是在问题的导引下，通过活动这个平台和机制，不断展开对学科本质和自我意义的建构。"问题—活动"乃是深度教学条件下学生学习与发展的双重心理机制。这意味着，依据学科问题，科学合理地设计学科学习活动，是深度教学实践中教师需要做好的第三个转化设计。

4. 活动串行化

为了引导学生持续的建构，不断地提升学生学习与发展的水平，教师在深度教学实践中需要做好第四个设计，即活动的串行化设计。所谓序列，是按照某种标准而做出的排列。在深度教学中，活动的串行化设计主要遵循四个标准：①顺序性。根据学生的认知特点与思维顺序，考虑活动的先后顺序，做到各种活动的切换自然得体。②主导性。抓住学生学习的关节点和困难处，准确定位学生学习的主导活动，做到关节点和困难处的学习突破。③层次性。根据学生的最近发展区，依次设计不同的学习阶梯，促进学生渐次提升学习与发展的水平。④整合性。根据教学的核心目标，优化组合各种类型的教学活动及其要素，发挥教学对于学生发展的整体效应。

（四）"四个导学模式"

"四个导学模式"是指，从反思性教学到理解性教学，深度教学的反思性、交融性、层次性与意义性决定了深度教学的四个基本导学模式：①反思性教学是教师引导学生通过间接认识、反向思考和自我反省等认知方式，达到对学科本质的深入把握和对自我的清晰认识；②对话式教学是教师为了引导学生完整深刻地把握课程文本意义，按照民主平等原则，围绕特定话题（主题或问题）而组织的师生之间、生生之间和师生与文本之间的一种多元交流活动；③阶梯式教学是教师根据学生的最近发展区，借助学习阶梯和支架的设计，不断挑战学生的学习潜能，逐渐提升学生的学习与发展水平；④理解性教学旨在营造一种以意义建构为目的的学习环境，以学生的前理解为基础，引导学生通过多向交流，达到对知识意义与自我意义的真正理解，进而提升自己的生命价值。

作为深度教学的四个基本导学模式，反思性教学、对话式教学、阶梯式教学与理解性教学都是为了促进学生的持久学习，都是以促进学生的意义建构与持续发展作为核心价值和共同目标。四者之间相互联系，相互支持，共同构成深度教学的实践体系。对于深度教学的这四个基本导学模式，教师需要从整体上加以理解，并在实践中加以综合灵活地运用。

深度教学的实现与否取决于教师四个方面的实践智慧：①分析力，即学科教材和学生学情的深度分析；②设计力，即目标的内容化、内容的问题化、问题的活动化与活动的串行化设计；③引导力，即反思性教学、对话式教学、阶梯式教学与理解性教学四个导学模式及其策略的运用；④认识力，即对生命与智慧、学科与教材、知识与能力以及学习与发展四大课堂原点问题的深入认识。

二、高中数学教学中的双导双学模式

（一）双导双学教学模式的基本原则

第一，目标指向原则。课堂教学必须以目标为导向，始终指向学习目标，不能游离于目标，更不能偏离目标。换言之，教学全过程的各个教学板块的实施，是达成目标的重要组成部分，为达成目标服务。

第二，师生互动原则。"达成目标"和"掌握方法"是本模式的两个关键概念：一要做到师生互动，教师把引导目标和指点方法贯穿学生学习的全过程，学生在充分的学习实践活动中，始终瞄准目标学习，运用恰当的方法学习；二要落实生生互动，在学生充分自主学习的前提下，要组织学生有效地进行合作学习，在交流中互相启发，甚至"生教生"，智慧共享，共同进步。

第三，反馈矫正原则。反馈矫正有两个方面的内容：一是本节课的学习内容学生是否学会，是否达成目标，这要通过多种形式，及时地当堂检测加以验证，并进行及时的矫正、补救；二是本节课主要的学习方法学生是否掌握，要做到适时点拨，强化总结。

第四，能力为重原则。教师的最终目标是让学生学会学习。在各学科的教学中，落实让学生"知道学的内容""知道怎么学"，形成学习能力，并把这种能力迁移到课外，在没有教师指点引导的情形下也能自学，逐步实现无须教师教也能学习的理想境界，是本模式的追求。在实施本教学模式时，一定要做到教师逐步放手。如"教师引导学习目标"的环节，开始的一两周，以教师引导为主，然后就要注重与学生互动研讨，逐步培养学生能够根据教材特点、教学内容，确定学习目标，选择学习方法的能力。

第五，因材施教原则。所谓因材施教，是根据学生年龄段特点（主要是学生的知识水平与接受能力），既落实上述教学思想，遵循模式框架，又灵活操作。如一课时中有几个教学目标的，低年级可以一个目标达成后，再进行第二个目标；高年级则可以在学生扣住目标自学后，再集中检测达标情况。

（二）双导双学教学模式的操作流程

第一环节：教师"引导学习目标"，学生"明确学习目标"时间5分钟以内。①辅助环节：或创设情境，或开门见山，引出新课，板书课题。时间1分钟左右。②根据教学内容，师生合作互动，明确学习目标（开始的一两周时间，教师为主；然后逐步放手，引导学生主动明确目标）。时间 3 分钟左右。

第二环节：教师"引导学习，点拨方法"，学生"自主学习，运用方法"。时间约 15 分钟。①根据制定的学习目标，教师点拨主要的学习方法。时间 2 分钟左右。②学生运用方法，开始自主学习。时间 8 分钟左右。③学生小组合作学习：主要是交流自主学习的成果，然后推选代表全班交流。时间 5 分钟左右。

第三环节：教师"检测目标，强化方法"，学生"达成目标，掌握方法"。时间约 20 分钟。①教师组织各小组全班交流，进行相机的点拨、更正、完善。时间 5 分钟左右。②检测达标情况。检测的方式分口头（如数学展示思维过程的口述等）与书面（各种书面作业）。及时反馈，对不达标的知识点、能力点进行补救；对错误之处进行矫正。时间 12 分钟左右。③学生回顾本节课的学习收获，师生共同总结学习方法。时间 3 分钟左右。

第四章　高中数学教学模式与校园管理

第一节　校园管理工作及制度分析

一、校园管理工作的内容

"高中教育工作的合理开展与落实对于学生正确价值观念与行为意识的培养具有重要的促进意义。"[①] 基于此，近年来，随着素质教育工作的不断深化，大批高中校园管理者结合高中校园管理工作开展现状进行了反思与分析，旨在进一步推动高中管理工作模式的科学调整，从而为广大高中生群体的全面成长提供助力。校长作为一校之长，理应在管理的过程中充分地将自身的才华和智慧发挥出来，在合作共赢的理念下，要及时地顺应时代和教育发展的潮流，促使高中学校管理工作和社会进步的步伐一致。因此，要提高高中学校的工作管理水平，首先需要做的就是改进学校的管理模式，革新管理方法；其次还要树立以人为本的管理理念，促使学生们的全面发展；最后还需要校长及时地更新自己的教育理念等，只有这样，才能使得学校在教育发展的洪流中有一个立足之地。

（一）树立学校管理的理念

对于学校的管理层，需要的就是转变应试教育为主的传统观念，要树立"以人为本"的管理理念。管理者要成为学校管理工作的引领者，不是控制者与命令者，要积极地带动他人的发展，为促使学校向着更好的方向发展奠定基础。基于此，在教学管理中，首先，要让主管学校德育工作的工作人员以及教务处主任全部兼课，让他们也成为教师的一员，加入教师的队伍，和教师们平起平坐。让教师们在教学管理的过程中有更多的发言权，为学校的管理工作提供更多宝贵的意见和建议。其次，要实施情感管理。在开展管理工作的过程中，管理者要站在教师的立场上，切实为教师着想，要给他们更多的关心，充分肯定并尊重他们，及时地了解教师的一些想法，让教师对领导有信任感。最后，通过开展教工会或者是个别交流等的形式来加强教师对学校教学管理的危机感和责任意识，通过和教师的及时沟通交流，让每位教师都清楚地意识到他们个人的发展是和学校的发展紧密地联系在一起的，这也有利于保证教师个人的目标与学校的目标发展保持在同一个方向上。

---

① 张贺开．浅谈高中管理工作现状及优化途径［J］．新课程，2021（49）：224．

（二）重视教学方法的革新

教育是学校教学的核心，同时也是学校存在的根本任务。评估一个学校最基本的指标就是看这个学校的教育水平如何。教学方法和教学理念是教育的灵魂所在。一个学校教学方式方法是否先进，这些都是和领导层面的教学引导工作有着很大的关系的。作为校方的管理者，要有敏锐的时代嗅觉，要有对新潮的教学方法以及教学理念等有一个比较准确的判断力。学校可以建立教学方法的评估部门，就是说模仿课堂的教学方式，把教学方法合理高效地带入其中，最快最科学的评估出教学方法是否合理或者说是否适合本学校的教学方法。学校要注重教师对于教学方法的及时反馈，要定期采取听课以及考核的办法，对教师的教学方法进行评估和反馈。

此外，学校还要积极地牵线搭桥，积极寻找教师外出培训的机会，保证学校的教师能够及时学习、掌握一些新的有效的教学方法；要和多个学校加强交流和沟通，切实地把其他学校一些好的教学方法和教学理念等引入本学校，为本学校的教育教学服务。

（三）注重学生的全面发展

新课程标准实施以来，学校的管理教育也要严格按照新课程的标准进行改革，转变过去传统的教育理念。素质教育主要强调的培养学生的创新意识，因此，在学校的管理工作中，有必要时，还要广泛地听取学生的一些好的意见，要鼓励和支持学生大胆将自己的意见和想法阐述出来。此外，还要加强对教师的管理，培养一支素质过硬的教师队伍。学校也要把提高教师的专业素质纳入学校的管理工作之中，通过各种途径来提升教师的专业素质。另外，还要密切地关注学生和教师之间的关系，促使师生建立良好的关系。此外，也需要加强对体育、美术等一些课程的重视，为锻炼学生的德、智、体、美、劳等做好充足的准备。

（四）校长工作达到一定高度与力度

"高度"，主要指的是要有较高的立意和出发点，也要有明确的指导思想与发展目标。学校的教育也要紧密地围绕经济建设这个中心展开，要在宏观上树立起为经济建设服务的理念。学校教育只有明确为现代化的建设服务这一基础上，才能更加明确教育的作用与育人方向，萌发出民族的忧患意识以及历史的使命感。这里所说的"力度"，主要指的是学校的管理工作也需要结合学校的具体情况，从实际出发，对重大事情要有决策的力度。

作为校长，对一些事物要有足够的敏感度，判断也要准确坚定，工作时也要展现出特有的魄力。首先要深入探讨。工作的新局面、教育的新进展等都是等不来的，最重要的一点是需要深入的探讨学校的情况，因材施教，找出切合实际的解决问题的办法与对策。其次要恪守公正廉洁。学校的管理工作应该是公开的，是为教学、为师生服务的。因此，在具体的开展过程中就需要领导者牢固地树立这些观点，一举一动都要注意到师生的情绪。最后要团结务实。团结就是力量，团结能将其最大的价值发挥出来。同时，学校管理工作需要全体师生们的支持，大家团结在一起，为学校的发展做出自己应有的贡献。

学校管理工作要树立"以人为本"的教育理念，在管理实践的过程中要将其落到实处，开展工作时，还要实事求是、因地制宜地对学校进行有效的管理，只有这样，才能使学校的管理工作收到更好的效果。

二、校园管理工作的制度

（一）学校领导工作的管理制度

1. 学校领导工作的制度

为了提高学校管理工作的效率，科学合理地安排好日常教育教学工作，特制定以下工作制度。

（1）学校领导在执行集体决定或日常工作中，要认真履行各自的职责，工作不越权、不推诿，敢于负责，团结协作，廉洁奉公。

（2）坚持调查研究制度。学校领导要不断改进工作作风，摆脱烦琐事务，注意深入基层学校，加强调查研究，不定期参加基层单位的重大活动或工作会议，了解情况，指导工作。在学校领导团队对某项工作做出重大决策前，必须深入调查研究，充分听取职能部门、教师及群众意见，做到决策的民主化。

（3）坚持现场办公制度和走访宿舍、食堂制度。提倡多办实事的作风，密切联系师生员工。学校领导每学期至少到基层集体办公一次，现场帮助解决实际问题。

（4）坚持听课制度。要全面了解和掌握学校的教育教学情况和师生员工的思想动态，为进一步改进学校工作提供依据。学校领导每学期听课不少于 30 节，每次听课要有记录、有总结。

（5）坚持领导接待日制度。学校领导必须坚持每周星期二上午校长接待日制度，接待师生员工来访，重视他们提出的意见和建议，认真答复他们提出的问题，帮助排除他们思想中的障碍。对于师生员工提出的应当解决和可能解决的问题要抓紧办理，暂不能解决的要向他们解释清楚。

（6）学校领导要加强与工会、共青团、学生会、退教协等相关组织的联系，定期听取工作汇报并指导工作，充分发挥他们联系广大师生的桥梁和纽带作用。

（7）学校领导要正确处理好自己的业务与管理工作之间的关系，把主要精力放在学校的管理工作上。

（8）学校领导出差（出访），实行请假制度。

2. 校办公室主任的职责

（1）负责对内、对外的联系接待工作和群众来信来访工作。

（2）做好校长办公会议记录，填写学校"大事记"。

（3）贯彻执行校长办公会议的决定和决议。代表校长处理学校日常行政事务工作，发布公告和通知。

（4）负责校长室文件的收发归档工作，安排校级各种文字材料的誊写和复印。

（5）具体负责校长办公室每天的日常工作，抓好安全保卫工作。

（6）根据校长的部署和安排，做好各处、室的协调工作。

3. 教导主任的职责

（1）在校长室领导下，全面主持教导处工作。

（2）制订学校教育教学工作计划，并组织实施。总结教育教学方面的经验。

（3）制定教导工作方面的有关规章制度和检查考核制度，负责教学工作的期中抽测和期终检测工作。

（4）组织、指导、审查各年级教育活动计划和各教研组教学教研计划，组织全校教育教学研究和经验交流，组织检测，审批试题及质量分析，领导和指导教研组工作。

（5）组织好教师的教育理论和业务知识的学习，安排教师的教学业务培训，组织教学汇报会。

（6）关心全体学生的全面发展，安排好兴趣小组活动，组织好学生的竞赛活动。

（7）组织好备课、听课、评课工作，负责指导各科教研组工作，审查教学计划，组织好教研活动。协助分管领导具体负责学校各室的管理工作。

（8）负责全校的招生登记工作，负责教育教学的管理和学生的学籍管理工作。

（9）负责全校师生的教科书及各种资料的征订工作。

（10）安排好教师的任课工作，负责全校的排课、调课及其他教学事宜。

（11）积极协助教科室做好有关工作，与教科室、总务处沟通信息。

（二）学校日常工作的管理制度

1. 固定资产的日常管理制度

（1）学校固定资产应实行分工管理，做到权责统一。教学设备、电化教学设备由教导处确定专人管理，房屋、建筑物和管理用具由总务处管理，一般家具、器具在统管与分管的基础上实行定位置、定数量、定管理人员。

（2）学校必须建立固定资产的账卡制度，做到学校根据每件固定资产的不同特点设立账卡，予以登记，使用单位或个人也要按品名登记明细账卡，以便查对。

（3）学校房屋建筑物应合理使用与及时维修保养。

（4）对学校专用设备一是制定技术管理制度，定期检查、检验与修理，使其经常保持完好可用；二是做到不经批准不准拆改；三是专项设备管理人员必须娴熟操作技术，考试不合格者不能上岗；四是主要教学设备（含电教设备）、辅助设备和动力设备等要始终保持其成龙配套的完整体系；五是对精密机械仪器应制定操作规程、使用制度、维修保养与交接制度，各学科、各部门对此应组织协作共用，提高其利用率；六是要经常对师生员工进行爱护设备的教育，提高其爱护设备的责任感。

（5）对交通工具应妥善维修保养，围绕教育、教学、科研和经营管理工作需要合理使用，并建立有效管理制度。

（6）学校图书应设置管理部门——图书室，制定严格的管理制度，使其为教育教学和科研服务，防止图书资料的损坏和丢失。

（7）其他财产也应区别不同情况，制定具体管理要求。

2. 学校的首问责任制度

（1）首问责任人职责

第一，凡来学校办事或来访的单位同志和学员，第一位被询问的学校工作人员为首问责任人。首问责任人有责任接待来访者，并提供优质服务。

第二，凡来电话与学校联系工作或询问事情的第一位接电话的学校工作人员为首问责任人。首问责任人有责任将情况记录在案，并给予答复。

（2）工作要求

第一，首问责任人对外单位同志与学员来学校办事或来访、来电，态度要谦和，服务要周到，倾听要耐心，不得无故回绝和推诿。

第二，对来访、来电询问的事项，在可以告知的范围内要耐心告之。不属于本处室、本人职责范围的事项，要向来访、来电人说明情况并给予详细指导，并及时转告有关处室或有关人员接待处理。

第三，对来访要找的人或来电指定的受话人不在时，应告诉去向、联系方法或代为记录，并及时告诉有关人员。

第四，对来访来电反映的重大事项和紧急情况要按照职权范围及时报告处长或校长等有关领导。

第二节　信息技术环境下高中学校管理创新

一、优化高中学校管理理念和机制

在如今信息网络时代之下，高中学校管理期间必须适当和网络信息资源以及新课改理念进行结合，对高中学校创新管理理念以及机制进行创新，加强学校管理目标。

第一，高中校长必须具备较好信息技术素养、较强的专业能力，还要有强烈推进变革的决心。学校领导必须利用互联网资源和信息技术进行管理，将班级管理和教育管理结合起来，建立一支高素质的学校领导队伍，加强学校各方面的管理。进而提升高中学校管理效率。例如，在高中学校教育系统管理当中，需要对学生实际情况以及教学规律进行综合性考虑，采取计算机技术以及大数据技术对实际数据进行实时监测更新，及时进行反馈，对学校当中的排课规则、教学水平以及教学效果进行全面分析。

第二，教师和学生沟通交流渠道以及方式越来越丰富，腾讯 QQ、微信以及视频等新媒体沟通方式也让教师和学生之间的沟通互动更加便捷，这就要求高中学校相关管理人员在进行日常管理期间以学生的个性化需求为依据，为学生创建更加便利和完善的信息互动以及沟通平台，为教师提供更加具有针对性的管理服务工作。

第三，高中学校管理人员还需要重点培养学生的综合素质，对学生学习创造性以及主动性进行提升，进而激发学生利用信息技术以及网络资源实现自我提升和自我探索。此外，相关管理人员还需要对各类资源进行整合利用，强化信息化管理手段，进而提升资源配置合理性。

第四，高中学校管理人员管理期间必须对管理目标进行明确，将理论教学和实践教学相结合，提升高中学校管理计划的科学性以及有效性，对学生的需求充分满足。

二、运用网络技术，创新教学的模式

因此在信息网络环境下，高中学校探索线上教学模式，放大线上教学优点，缩小线上教学缺点，教导教师线上教学开展方法，持续提高线上教学的质量，探索新教育方法。所谓第二课堂，"指的是相对课堂教学之外，对学生进行教育和训练的阶段"[1]。在以往教育中，教师往往只关注第一课堂，并未对学生课外活动进行关注，顶多布置课外作业，但也

---

[1]施黔群.信息技术环境下高中学校管理创新及运用策略［J］.中国新通信，2022，24（19）：57.

是下一课堂进行验收，这无疑丧失了很多教育机会。而在信息网络环境下，努力开发第二课堂，建立腾讯 QQ 群、微信群、钉钉群等，与学生展开交流沟通，督促学生完成课外作业，学生遇到任何学习方面不懂的地方或生活难题，可以请教教师或者与同学探讨，及时解决，同时，教师可以利用网络交流平台向学生推送有教育意义的内容。

例如，语文教师给学生推送有关中华优秀传统文化的文章；英语教师给学生推送国外的趣味视频，锻炼学生日语和听力。另外，"互联网+教育"思维的本质充分利用第二课堂，教师可以在课堂教学前就给学生推送与本堂课教学内容有关的数字化课件，让学生在课前学习，课堂教学任务量减轻，就能留下更多课时供学生自主学习或交流探讨，提升教学的有效性。

三、实施师生互评，丰富评价的内容

评估是影响中学教学质量和学习管理的一个重要因素。学校管理部门应优化班级管理和教师教学的评价方式，通过师生互评优化班级管理。此外，学校应扩大教师和学生评价的内容，以获得对教师、教学工作和学生状况的全面和真实的评价。校园网建成后，学校可以利用一些学校引入的在线评估机制，在每学年末对教师的品德和教学方法进行评估，帮助教师反思自己的教学，帮助改革和优化教学。同时，学生评价可以作为学校有效管理和评价教师的起点。学校还可以在学校网站上创建一个备课和评估功能，或者为每个班级创建一个专门的报告区，教师可以在这里总结和评论这堂课的情况，这样学生就可以从教师的角度看到这堂课的情况，并找出他们做得不太理想的地方。

此外，学校应该充分利用教师和学生对评估的参与，为学校重要事件和活动的评估报告建立一个专门的区域，允许教师在每次活动后给出分数和建议，学生也可以在网站上对自己的表现做出评价或建议。为确保教师和学生评价及学校评估的有效性，学校应在必要时实行匿名评价，及时反馈有价值的意见、建议和批评，并对教师和学生进行奖励。

四、优化网络资源，建立管理新平台

随着互联网的快速发展，一些互联网的衍生应用也越来越多，如手游、网络文学等。相比于学习，互联网世界的内容对学生更有吸引力，但学生的自控力不足，这就导致很多学生沉迷网络，学习积极性下降，学习成绩下滑，并且互联网世界中传播的不良意识形态等，这些都会对学生的思想造成不好的影响。

针对上述问题，巧妙利用信息网络环境，整合优化网络资源，把所有的资源创建在学校统一的信息管理平台里，教师学生都可以通过自己的账号，开展网络教育。通过信息管理平台，学校可以及时发布教育信息以及教学规划等；在平台上建立网络学习园地、网上阅读室、网上学习资料等，教师可以上传教学课件、教学资料、教学作业等，方便学生查找或复习之用；学生也通过平台上传学习成果、参加征文活动、查找相关信息等，也可以玩学生自己开发的小游戏，在规定时间内满足一下自己的"网瘾"。在这种健康网络教育中，一方面要让学生明白网络与学习的关系，高中阶段应以学习为主，适当的网络冲浪放松心情，利用网络去查资料、查找教育资源等才是正确的使用方法；另一方面要让学生厘清网络世界中的好与坏、美与丑、香花与毒草，正确看待通过网络环境所传播的不良意识形态，避免受到影响。

五、构建信息档案，培育个性化成长

利用信息网络环境，教师可以建立学生的个人档案，记录内容包括课堂表现、记录、学习能力、劳动情况等，作为对学生的综合素质评价，及时更新学生的个人档案数据，进行过程化管理。对于各科教师而言，依托于学生的个人档案，能够对学生进行更深入的了解，能够找准学生的不足，布置相对应的教学机制，使教学更具有针对性，也就更有质量，各科教师联动起来，切实提高教学有效性；对于班主任来说，掌握学生的特点和动态，能布置更具有针对性的班级管理措施，例如，对劳动意识不强的学生布置劳动作业，让成绩好的学生和成绩差的学生坐在一起，起到以强带弱的作用。另外，学生个人档案还能够促进家校结合教育，以学生个人档案为基础向家长反馈学生的学习状况，或是扩大范围，可以发布学生的活动照片、学习动态、校园生活情况等，指导家庭教育，避免不良家庭教育对学生成长造成负面影响，学校和家庭是两个重要的学习和生活空间，直接影响学生的健康发展。因此，高中要高度重视家庭教育在管理过程中的意义，加强与家长的联系，创造学校与家庭一体化合作的良好局面，为学生的发展创造良好的环境，促进学生的健康发展。

在传统的教育过程中，学校只负责学生在学校的学习，而不关注学生在家里的表现，这导致了学习效果不理想。因此，高中应充分考虑到家庭在信息网络中的积极作用，加强与家长的沟通和信息共享，促使家长理解和支持学校的教学工作，以提高学校的教学质量。例如，在行政工作方面，教师可以建立腾讯 QQ 群和微信群，发布教案、作业规定和考试成绩，让家长充分了解学生的学习状况，提高学校的教学质量。同时，在日常教学过程中，教师可以利用网络信息技术组建学习兴趣小组，让学生根据自己的兴趣和学习需要选择教育内容等，丰富学生的知识，拓宽学生的视野，提高学生的综合素质。例如，高中可以在网络计算的帮助下建立语言、物理、数学等方面的兴趣小组。学生们可以根据自己的现状加入学习小组，利用空闲时间讨论和分享学习经验、学习方法等，这将为学生提供一个良好的信息环境，提高学生的学习兴趣，使他们学好。总而言之，通过信息网络，我们可以实现人民教育的全员、全过程、全方面，努力为学生的发展创造良好的环境。

六、动态监控教学，提高教学有效性

通过使用大数据，可以动态地分析高中班级和科目之间的差异，分析教师在一段时间内的教学实践，提醒他们注意任何偏差，并帮助他们调整教学以提高其有效性。基于大数据分析，可以构建平均成绩对比图和学业成绩分布对比图，动态分析各年级教学实践的差异，让教育管理者全面清晰地了解个人成绩的差异，了解不同学科的教学情况，及时发现教学实践中可能出现的偏差，并提醒教师做出合理的大数据分析，还可以用来建立各门课程的教学比较图，反映每门课程的发展水平，课堂上学生的整体水平，以及课程水平的差异，还可以向教师提出建议，让他们相互协调和合作，平衡课程发展。大数据还可用于绘制课堂学习趋势图，用于提高高年级学习管理的可预测性。大数据还可以用来创建一个教学审计图，可以显示全校高中班级的考试和作业状况，并确定成绩上升或下降的班级；还可以结合学校资源，考察教师的积极性和贡献；等等。

综上所述，在信息技术环境下，创新高中学校管理模式不仅可以对教学质量进行提升，还可以保证高中学校实现平稳发展，对以往传统管理模式中存在的问题进行改进，显著提升学校管理效率。因此，高中学校管理人员必须多采取信息技术以及网络技术进行日常管理工作，充分意识到信息网络对于学校管理的重要性，对学校管理模式不断创新，借助信息网络的优势，为学校管理后续的发展奠定扎实的基础。

第五章 高中校园文化建设及有效途径

第一节 高中校园文化及其功能阐释

一、高中校园文化的结构

高中校园文化是一种氛围、一种精神，是凝聚人心、展示学校形象的重要体现。"高中校园文化是指以高中校园为载体并通过校园这个载体来反映、创新和传播的各种文化现象"[1]，现实的校园文化是立体的、开放的、丰富多彩的，不是平面的、封闭的、单调无规则的。高中学校的任何一个文化现象都是校园文化要素综合的结果。因此，如果只是在一个平面上描述校园文化的层次结构时，无论这种描述多么的严密和符合逻辑，都已经丢失了校园文化在立体上本来具有的许多内在联系，那么以此为基础的校园文化，分析结论就不可避免其片面性，进而影响校园文化实践的有效性。清晰地了解和掌握校园文化的层次结构，有利于促进校园文化实践的有效性。认识和区分校园文化层次结构的基本原则，应该是按照校园文化要素间内在逻辑关系，从不同的视角考察校园文化，并最终立体地、综合地把握校园文化。一般而言，从校园文化的时间结构、质态结构、主体结构、职能结构等方面分析高中校园文化，就可以对校园文化的结构状况有一个比较完整的了解。

（一）时间结构

从文化演变的时间过程上，高中校园文化可以分为传统文化、现代文化和后现代文化三个层次。

校园传统文化是指学校发展过程中形成的习惯、历史记录、传统的体制机制和文化心理等，是学校发展史上被广大师生认同的内容。

校园现代文化是指具有时代特色、在文化交流中出现和形成的思想观念、制度体制、言行变化等，诸如校园网及网络文化、精英教育向大众教育转变后的观念方式变化与体制机制变化、对校园生态环境建设的重视与环境观念的变化、适应市场经济的道德观念和言

---

①徐玉明. 探究高中校园文化建设的功能 [J]. 中外交流，2017（18）：62.

行、现代尖端科技的出现及年轻专家学者的大量涌现等。

传统文化与现代文化共同构成现实的校园文化。传统文化是校园文化发展的基础，现代文化是校园文化发展的方向，它们的相互融合是校园文化的传承，他们的相互冲突则是校园文化的发展。

校园后现代文化是校园文化的发展趋势，是面向未来的校园文化。教育是面向未来的，这要求教育既要为未来社会培养人，又要研究未来社会的教育形态。当前，大众化的教育模式已经形成，高中教育改革趋势日渐清晰，这些都要求校园文化的创新发展。

（二）质态结构

所谓质态是指文化的特质形态，特质既是文化的最小单位，也是独立意义的单位，是文化本体意义上最小的存在单位，或最小的构成因素，就像世界万物都是由物质构成的、物质是万物的最小存在单位为我们所认识的一样。校园文化按其质态，可以分为观念文化、制度文化、物质文化和行为文化四个层次，并按相互间的支配与被支配、作用与反作用的关系，形成以观念文化为核心、向外依次是制度文化、物质文化和行为文化的同心圆结构。

高中校园观念文化主要以思想观念形态表现出来。观念文化也是精神文化，是校园文化结构的核心，包括思想意识、价值观念、生活信念等，从深层影响着全体师生的理想、信仰、意志、情感及行为。校园观念文化最重要的内容是一所学校独具特色的学校精神。每一所学校都有自己的校园文化，但并不一定每所学校都能形成或凝聚起自己独具特色的学校精神。学校精神是校园文化的核心和灵魂，它强大的影响力、感染力渗透在学校的方方面面，成为凝聚全体师生员工共同奋斗的精神动力。反之，没有提炼出学校精神的校园文化可能是松散的，缺乏凝聚力的。

高中校园制度文化主要指以文字形态表达的学校的规章制度及固定的体制所体现的文化。学校制定的章程、条例、规定、办法、公约、实施细则等制度以及校风、校训等，它们保证学校秩序的正常运行，规范着学校成员的行为和作风，倡导与校园观念文化的价值观、审美观一致的学校风气，是观念文化在学校各方面管理上的体现。

高中校园物质文化以实物形态表现出来，因此也称实物层面的文化，主要指学校的教学设施、生活设施、校园自然生态环境等，它们既是校园文化活动的物质保障，又在一定程度上制约校园文化活动的规模甚至质量。一般而言，物质文化是校园文化的实物化，是观念文化按照一定的规则经过实践改造以后的积淀。校园物质文化处于观念文化、制度文化的外层，一方面是因为在校园的整体布局、校园建筑结构风格、校园自然生态环境等物质建设上，积淀着师生的审美价值；另一方面是否自觉接受先进观念文化的指导，校园物质形态上所承载的文化含义是有很大不同的。在校园的物质设施基础上，通常承载了一定时代学校全体师生的文化思考，是最直观区别学校文化内涵的特征之一。

高中校园行为文化主要通过师生的活动形态表现出来，是学校日常生活中人们最经常、最直接感受和表达的校园文化形态。相对于行为文化而言，校园观念文化、制度文化、物质文化三个层次便有了资源性或环境性的作用，从内部支撑着校园行为文化，并形成学校跨校园文化交流的活跃界面。由于校园行为文化处于校园文化的最表层，因此它比内层文化更具有开放性、更加多元化。校园行为文化包括校风和校园内人们的日常言行及开展的各种娱乐性、学术性活动。校园行为文化一方面要受支撑它的内层文化的影响和支配；另一方面又要接受社会大文化的影响，对内层文化有反作用，它总是在承受内层文化的基础上又对内层文化有所改变。

（三）主体结构

如同每个人都是社会的主体一样，每个校园人都是校园文化的主体。但是，在校园文化的实践上处于不同位置和不同岗位上的校园人，对校园文化自觉认识的深度和广度客观上是存在差异的，因此他们的主观努力对校园文化的形成、发展和稳定在某种状态所起的作用和影响也有差异，并且这种作用和影响的主要差异不是以个体的形式出现，而是以群体的形式出现的。在高中学校现存制度下，从校园文化的主体考察，校园文化客观上存在领导文化、教师文化、学生文化的三个层次。学生文化处于校园文化的最表面、最活跃层次，教师文化处在中间的、稳定的层次，是校园文化的主导方面，领导文化以学校决策层为代表，处在校园文化的核心层次，是校园文化整体自觉发展、主动创新的源头。领导文化、教师文化、学生文化客观上存在着差异，它们既以学校的办学理念为共同的基础，统一于共同的学校精神，又以各自的特色影响其他层面的文化。因此，它们的结构是一种偏心圆式的结构。

领导文化的主体主要是学校的党委和校长，以及高中二级管理单位的领导集体。现阶段他们的办学理念与教学思想，以及能否目光敏锐地站在时代潮流的前沿，通常是加速或延缓学校发展的决定因素，对校园文化的形成与传播发挥着巨大的影响。学校领导集体对校园文化有预见的倡导、决策和创新是培育和形成具有特色鲜明的校园文化的重要源泉，他们对各种社会文化思潮的态度，会极大地左右学校跨校园文化交流的方式和内容，影响校园文化在继承民族传统、吸收世界文明及创新的进程。

教师文化的主体是高中学校的教师与科研人员，广义上的教师也包括其他教育者，即学校员工，这部分人构成了高中学校的精华，是一所学校最重要的办学资源，是教学、科研和社会服务的主角，也是校园文化的主导力量。教师某种程度上可以理解为承上启下的作用：一方面，教师的思想道德、文化修养、学术抱负及生活态度、一言一行无不对高中学生产生着深远的影响；另一方面，教师在教学、科研和社会服务中的活动，也影响着学校领导层的决策，他们在各种活动中传递的信息是领导层决策的重要依据。

学生文化的主体是学校各办学层次的所有学生，高中生既是校园文化的主体，又是校园文化塑造的主要对象，是校园文化的重点受体。学生在学校的主要任务是在教育者的指导和影响下，通过学习获取知识，培养能力，养成品德，发展素质。

（四）职能结构

在高中校园文化中文化信息的传递通常由于学校不同的职能部门而有了职能的特征，从而使文化渗透影响的方式出现差异。按照校园文化的职能特征，校园文化可以分为决策管理文化、教学学术文化、生活娱乐文化三个层次。

决策管理文化是指学校决策与管理的理念，以及相应的制度、方式和行为。不同理念、制度、方式和行为下形成的决策与管理，反映出来的价值观念与文化意义是完全不同的，对校园文化的形成、发展的结果也完全不同。透过学校的决策与管理，人们清晰感受到一所学校的校园文化的品位和学校精神。因此，从职能上，决策管理文化不仅是一个独立的校园文化层次，而且居于校园文化的核心地位，并总揽校园文化全局。

教学学术文化是教学科研行为、结果和制度上透射出来的学校办学理念和办学精神。教学学术文化是校园文化的主要内容，也是高中学校文化区别于其他文化的重要特征。

生活娱乐文化是在工作学习之外，在全体师生员工的生活方式与业余娱乐活动中表现出来的文化现象，是学校的价值取向对生活娱乐影响的结果，它处在学校的主流文化的外层，与决策管理文化、教学学术文化既有相关性，相互间的作用又不十分紧密，它是学校中最广泛存在的一种文化形式，表现在各种有组织的，或自发的活动之中，有很大的随意性、松散性。高中校园生活娱乐文化与社会大众文化在本质特征上虽然没有区别，却是校园文化中不可缺少的层次和内容，是有机的组成部分。

二、高中校园文化的特性

同其他行业和领域的文化一样，校园文化也有不同于其他文化的特征，这样的特征又是与其所处的地位和环境密切相关的。作为观念层面、制度层面的文化是社会的上层建筑，与社会经济基础较为紧密。高中校园文化特性主要有以下方面。

第一，先进性。学校是文化荟萃的重要场所，是文明的集散地，是先进科学文化的摇篮，它既与社会保持着密切联系，使自己培养的人才能适应现实社会，服务于社会，又高于现实社会，使培养的人才成为改造现实社会、实现社会理想、构建新的更好更完善的社会的动力。因此，高中校园文化与社会其他文化相比，具有明显的先进性。

第二，多元性。社会大文化本身是色彩纷呈、层次多样的。同样，高中校园文化也呈现多元结构。随着现代信息技术的飞速发展，现代社会各种文化传播在时空上缩短了。特别是经过 40 多年的改革开放，高中之间的校际文化交流更加频繁，使文化的参加对象呈现多层次性，文化形式呈现多样性，文化内容呈现广泛性，导致高中师生对文化选择的多元性。

第三，动态性。高中校园文化作为社会的一种亚文化，必然要受到社会文化的强烈影响。社会文化是高中校园文化赖以生存的大环境和源泉，它深刻影响着高中校园文化的内容和基调。我们不能脱离社会、脱离时代去孤立地、静态地构建高中校园文化，而要根据社会大气候的变化，及时调控高中校园文化的小气候，做到与时俱进。

第四，时代性。历史唯物主义认为，文化是人类社会活动的产物，打着深深的时代印记，具有明显的时代特征。学校校园文化也不例外，它不仅会受到社会传统文化的影响，而且更多地受到当代社会经济政治以及社会思潮、社会风尚等社会意识形态的制约，有着明显的时代烙印。

第五，社会性。学校校园文化是社会主流文化一个不可缺少的重要组成部分，它们之间是局部与整体、分支与主流、流和源的关系。因此，学校校园文化不是孤立存在的，而是同城市社区文化、企业文化、部队文化、街道文化等文化现象一样，同属于社会文化的范畴，并属于相互开放的同一系统。一方面，学校校园文化的形成、发展和创新受到社会主流文化的影响和制约，它只有不断地从社会主流文化中吸取营养才能欣欣向荣、根深叶茂；另一方面，学校校园文化的发展又会对社会主流文化产生深刻的影响，这是因为学校大都为某一地区文化的制高点，学校校园文化对社会其他文化具有很强的渗透力和辐射力。随着市场经济的不断发展，学校与社会的联系不断加强，学校校园文化与社会主流文化的联系也日趋加深，并逐渐融为一体。

第六，群众性。学校校园文化具有广泛的群众基础，每项校园文化活动都有不少参与者和组织者。可见，学校内每个人都置身于校园文化中。离开了校内广大教职工及学生的参与支持，校园文化之花就会枯萎凋落，也就不会存在和发展，因此，群众性是学校校园文化的显著特点之一。

第七，和谐性。"和谐"成为学校校园文化建设的新理念。学校应把服务和谐社会建设作为学生文化建设的重要目标，构建适应和谐社会需要的校园文化，和谐视野下的学校校园文化必须以人为本，以学生为中心，注重学生的人格和尊严，实现学生的个性化发展。把学生的成长、成才与学校校园文化相契合，实现校园文化的持续、健康发展。

第八，开放性。当代世界是开放世界。经济全球化和社会信息化势必影响到学校校园文化的建设。因此，学校校园文化也是开放的，它与外界有着密切的联系，不但与社会联系密切，学校之间的联系也很多，与国外学校的交流、合作以及相互影响也在日渐增多。

三、高中校园文化的功能

（一）高中校园文化的辐射功能

高中校园文化是学生成长和发展的重要环境之一，它不仅存在于校园内部，还能够辐射到校园外部，产生广泛而深远的影响。高中校园文化的辐射功能是指其能够通过学生、教师和校园活动等方式，影响到学生个人发展、学校形象和社区建设等方面。

第一，高中校园文化的辐射功能对学生个人发展具有重要影响。校园文化通过塑造学生的价值观、行为准则和交往方式，影响着他们的思维方式和行为习惯。一个积极向上、富有活力的校园文化将激发学生的学习兴趣和动力，培养他们的创造力和解决问题的能力。校园内推崇的价值观和行为准则，如尊重、合作和努力奋进，将引导学生形成良好的学习习惯和道德观念。这种积极的学习氛围将有助于提高学生的学术成绩和综合素质，培养他们成为全面发展的人才。

第二，高中校园文化的辐射功能对学校形象和吸引力的提升起着重要作用。一所拥有丰富多彩校园文化的学校往往吸引着来自各个社区的学生和家长。这种吸引力不仅源于学校的学术声誉和教学质量，也源于其积极、开放和包容的校园文化。一个充满活力和多样性的校园文化将成为学校的独特标志，吸引更多学生前来学习和成长。同时，校园文化的辐射功能还能够与社区形成良性互动，促进社区的发展和进步。

第三，高中校园文化的辐射功能还体现在学校与社区的互动和合作中。一所具有积极校园文化的学校往往能够与社区建立良好的合作关系，共同推动社区的发展。学校与社区的互动可以通过多种方式实现，如开展社区服务活动、参与社区项目和资源共享等。学校可以与社区组织合作，共同举办社区活动，为社区居民提供教育、文化和娱乐等方面的支持。这种积极的互动不仅促进了校园文化的传播和进一步提升，也为社区提供了丰富的文化资源和教育服务，增进了社区的凝聚力和发展。

第四，为了发挥高中校园文化的辐射功能，学校和教育管理者需要重视文化建设，制定明确的文化目标和价值观，并通过有效的教育和培训使其得以贯彻实施。学校可以组织丰富多样的文化活动，如文化节、艺术展示、讲座和座谈会，为学生提供展示自我的机会和广泛的交流平台。同时，学校还应注重师生关系的建立，搭建良好的沟通渠道，为学生提供积极的导师指导和个人成长的支持。

第五，除了学校的努力，学生个体也可以积极参与和推动高中校园文化的辐射功能。

学生可以积极参与学校活动和社团组织，发挥自己的才能和特长，为校园文化的多样性和活力贡献力量。同时，学生还应注重个人修养和道德素质的提升，遵守校园的行为准则和规章制度，树立良好的榜样，影响他人的行为和价值观。

总而言之，高中校园文化的辐射功能是学校教育的重要组成部分。通过营造积极健康的校园文化，学生能够得到全面的发展，学校可以提升美誉度，增强吸引力，社区也能够从中受益。因此，学校、教育管理者、教师和学生个体都应共同努力，致力于培育和传承积极向上的校园文化，为学生的成长和社会的发展做出积极贡献。只有在一个充满活力、多样化和积极向上的校园文化氛围中，学生才能充分发挥自己的潜能，实现个人的全面发展。通过高中校园文化的辐射功能，学生可以培养学术能力、人际交往能力和领导才能，为未来的发展奠定坚实的基础。

（二）高中校园文化的育人功能

以价值观为核心的校园文化是现代高中教育中不可或缺的重要组成部分，对学校的发展而言是一种具有神奇作用的内在动力。学校校园文化的最核心功能是育人功能，校园文化建设的主要目的是育人，校园文化与其他所有文化一样具有导向、激励、约束、调适（协调规范）和凝聚等各种功能。

1. 校园文化的导向功能

学校校园文化的导向功能，是指校园文化通过自身各种文化要素集中、一致的作用，对校园整体和校园人体的价值与行为取向产生引导作用，使之符合学校所确定的目标。

校园文化之所以具有导向功能，是因为一个学校的校园文化一旦形成，就会建立起自身系统的价值体系和规范标准。人的观念、思想和行为受周围环境的影响——特别是文化环境。当学校的成员在价值取向和行为取向与校园文化主导价值观念产生对立现象时，个人在校园文化的强烈影响下就会倾向于慢慢接受学校文化的引导，在潜移默化中接受周围的共同价值观，使自己的价值取向与学校价值取向和谐一致起来。

高中校园文化受学校发展理念和校园人个体的主体性行为的影响，同时受社会经济、文化等要求的引导，前者（学校发展理念和校园人个体的主体性行为）是校园文化发展的内因，后者（社会经济、文化）是外因。自觉的校园文化——内因的变化为自身发展变化的主要根据，反之，以外引内的变化为主要根据的校园文化则是自在的文化。校园文化中这种自觉因素与自在因素的互动，构成了校园文化发展的动力。

学校校园文化的导向功能，主要通过各种具体的文化要素实现。在现实的学校环境中，从物质环境到文化活动，从集体规范到人际关系，从人们的举止仪表到教室的装饰布置，都给生活与此环境中的校园人一个具体可感的参考系，并传递出一定的价值观信息，从而使校园人积极地从周围环境中接受那些大家所公认的或学校倡导的价值观与行为准则。

每个社会都存在着文化规范和文化价值的复杂体系，它自觉不自觉地规定着某些个人和整个集团的行为。校园文化对其主体的导向是多方面的，概括起来，具体表现在以下四个方面：

（1）目标导向。学校教育都是具有相当明确的方向性，培养人的目标非常确定，所以不同的学校在校园文化建设中，始终围绕着自己的培养目标而努力。同时，培养目标确定了校园文化对其主体的导向。校园文化的目标导向，既包括群体目标，也包括个体目标，如制定学校发展战略（包括中期的、长期的），教师个人科研目标和教学目标，培养教育学生所达到的合格率、达标率等。而作为反映主体的生活信念、价值观念、行为方式的校园文化是广大目标模式在不同条件下物化为各种不同类型的文化活动，从而直接地、有目的有步骤地引导个体的发展。有时若干个体的发展趋向一致则集合为群体，也就成为群体的发展。

（2）价值导向。价值导向也叫价值指引，有怎样的价值观念，就有怎样的培养目标和培养手段，校园文化导向作用就会因其培养目标的不同而不同。另外，校园文化引导其主体深入社会、了解社会、服务社会，提倡理论联系实际，努力把自己培养成国家的建设者和接班人。总而言之，价值导向是校园文化的深层次文化在发挥作用，换言之，精神文化是通过价值观念来导向规范其主体行为的，这种导向是由不同的价值观所决定的。

（3）需求导向。所谓需求导向就是指，校园文化的主体对文化的一种需求，它包括对不同层面文化的需求，而校园文化正好能提供不同层面的文化来满足其主体的需求。这种需求是影响人们积极性的最深层的原因。

校园文化和其他形态的文化一样都不是只供观看的"花瓶"，而是可吃可喝的"面包"和"饮料"，它既能为主体的精神需求提供导向，也能在一定程度上为主体的物质需求提供导向。校园文化的主体既是文化的创造者，也是文化的享受者，是集生产与消费于一体的校园文化主体。这里所说的"享受""消费"就是指"需求"，需要导向换言之是对校园文化主体的一种满足的引导。但是，必须注意满足的是积极健康合理的需求，而不是满足那些不合理的消极颓废不健康的需求。要使校园文化的导向功能既符合师生员工的需求，又能促进师生员工向上。

（4）动机导向。我们要适时地激发动机，这就是要在合理地满足校园文化载体需要的基础上，充分运用一定的诱因，导向人们的积极行为动机。其方法是通过校风、校刊、校园精神以及表彰先进、奖励优秀、树立榜样的方式，引导人们勤奋学习和工作，使校园内形成优良的教风学风，进而形成一种能够使人奋发向上、求真务实、开拓进取的精神，促使校园文化主体成长为具有优秀品德、高尚气质的人。

2. 校园文化的激励功能

学校校园文化的激励功能，是指校园文化具有使学生从内心产生高昂情绪和发奋进取精神的效应，而这种积极向上的思想观念及行为准则可以形成强烈的使命感、持久的驱动力，成为高中生自我激励的航标。一般而言，激励作用主要产生于三个方面，即物质性激励、精神性激励和竞争性激励，校园文化对学生的激励作用更多地表现为精神性激励。

校园文化的核心是围绕学校的发展目标塑造共同的价值观，共同的办学理念和价值观创造的校园文化氛围，使每个校园人都能体验自身行为对学校的价值所在，产生一种自我增强的激励机制。需要唤起动机，动机引起行为，行为指向目标。激励问题也就是满足需要的问题。人们高层次的需要只能通过自我激励来满足。而作为这种自我激励机制，使每个成员的进步都能得到奖赏，做出的贡献都能得到奖励，由此激发学生，为把自己培养成社会需要的人才而刻苦学习，不断进取，激励教职员工为实现自身价值和学校发展而勇于牺牲，乐于奉献。

学校校园文化使学生置身于良好的心理氛围和人际环境之中，获得各种精神需要的满足。同时，也为校园人提供了文化享受和文化创造的空间，提供了文化活动的背景以及必要的活动设施，模式与规范，高中生的兴趣，理想与信念在此得以实现和升华。学校校园文化氛围中种种诱因激发学校成员产生并维持积极的行为机制。学校校园文化以其激励优势来满足校园人多层次，多样化的需要，并对那些不合理的需要，通过校园精神的调节，使其趋向合理，推动个体积极向上，从而形成学校的活力，形成奋发向上的整体力量，使学生自我激励，形成一种激励环境和激励机制，进而产生持久的驱动力。

校园文化建设的激励功能渗透在学校工作的各个方面，如在学校文化建设中，师生员工需要美丽、整洁、舒适的校园，需要健康、丰富的精神文化生活，需要优良的校风、教风和学风，需要发挥个人才能特长的条件等。而这些需要只有在一定的目标要求下，在文化建设的过程中才能达到最理想的效果。学校要通过开展各种文化活动强化师生员工建设校园文化的动机，并导入校园文化建设的具体目标，激励学生在共同努力下，把需要变成现实。这种激励功能是为培养合格人才服务的，它不仅仅是调动学生的积极性和强化他们实现目标的意识，而更重要的是要通过激励作用，培养学生的集体主义观念和高尚的人格品质，促进相互学习、相互帮助和共同进步。

3. 校园文化的约束功能

学校校园文化的约束功能，是指校园文化对每个校园人的思想、心理和行为具有约束和规范作用。校园文化的约束一般不是通过直接的硬性手段实现的，而是通过营造一定的思想氛围、道德氛围和行为氛围，影响学生的价值观、道德观和行为心理间接地、软性地实现。在通常情况下，群体意识、社会舆论、共同的习俗和风尚等精神文化内容，对个体行为产生强大的大众化的群体心理压力和动力，在每个学生的内心引起共鸣，进而产生行为的自我控制，使行为与学校的整体要求一致。校园文化的约束功能主要源自制度文化、行为文化层面。校园文化的约束功能具体如下。

（1）制度约束。为了保证学校师生员工的正常工作和学习、生活和娱乐，在学校工作中，必须对师生员工施行全面严格科学的管理，包括行政管理、教学管理、思想政治教育管理、后勤管理、学籍管理、实习管理等。科学有效的管理最重要的是建立严格的规章制度，以制度为准绳，按规章办事，在制度的约束下，规范师生员工的行为习惯，师生员工严格遵守，都按照规章制度的要求有序地生活、工作和学习。

（2）行为约束。所谓行为约束，实际是校园文化中行为文化的功能在发挥对人的影响作用。行为文化主要包括校园文化主体的各种行为方式，如严谨、求实、艰苦、开放、活泼、团结、紧张、严肃等都是校园载体形成的行为方式。一种行为方式在某一群体或个体中长此以往的坚持，就可以形成一种相对稳定的传统模式，这种模式表现在一所学校就是校风，表现在一个班上就是班风，表现在教学上就是教风，表现在学习上就是学风。一旦这种校风、班风、教风和学风形成后，它必然对其载体产生一种无形的约束支配力量，生活在其中的每个人都会受其影响，尽量使自己的行为方式规范在形成的传统模式中，同时也都会自觉地去维护去遵守，并受其约束。

（3）舆论约束。舆论是社会生活中一部分群众或一定集团对某种事态发展所持的大体一致的意见，是一种社会思潮，具有支配人类行为道德的一定权威性和无形的约束力。换言之，舆论对人的言论和行为是有约束功能的。学校内的报刊、广播、橱窗和闭路电视等都是校园文化的组成部分，它们又是舆论工具，通过宣传校园主体对某种行为的肯定或否定的意见形成强大舆论，某种舆论给某件事、某种行为是正确还是不正确制定了一个标准，进而形成一种群众共同遵守的原则，这种标准、这种原则对校园主体的行为规范，就是舆论约束力，如为了搞好校园绿化、美化学校环境，学校制定了一些爱护树木花草、景点设施的规定，通过宣传教育，形成强大的舆论，成为学校广大师生员工的共识，也就有了约束力，花草树木、景点设施的爱护者会受到赞扬表彰，损坏者也会受到批评处罚。所形成的舆论给每个人以压力，对每个人的行为予以规范和约束。

（4）道德约束。道德是历史的产物，是一定的社会为了维系社会生活而产生的。人类社会由于社会分工的出现，社会组织形式的不断发展，人们在生产、分配和日常交往中，形成了一定的经济社会关系，出现了种种利益矛盾与冲突。为了调整人与人、人与社会的关系，维护社会秩序，这就需要对人们的行为加以约束，对各种利益关系加以调整。于是就产生了一定的准则和规范。道德约束，就是为了协调人类的社会关系而产生的一定的准则和规范。

道德具有多种特征，其中最重要的特征是它的"规范性"。道德属于精神文化的范畴。所谓道德的"规范性"，就是在于道德是用善恶来认识、评价和把握社会生活中人与人之间的关系，并且表现在道德现象的各个方面。文化的目的就在于促进人们的道德发展，使他们达到道德的状态，所以校园载体都必须受制于校园文化的道德规范或道德制约，使其道德得以发展，达到道德状态。高中校园文化对师生员工的道德都有规范制约的作用，教师要有高尚的师德，学生要有良好的品德，职工要有良好的职业道德。人人不仅要受到一定道德的规范、约束和支配，还要共同遵守社会公德，并在相互交往中创造新的道德。我们要创造具有良好道德标准的校园文化环境、陶冶校园文化载体的高尚情操。

总而言之，人的一切活动都要受到现实文化——文化客体的规定、限制和约束。它是针对现实文化的行动，它的文化变革方式和意向也是在现实的文化客体本身提出的要求和设定的前提下产生的。它对理想文化的追求也限于现实的文化客体所提供的条件。同时，人的素质也必然受到现实文化的规定，现实的客体文化虽然是主体内在素质的展现，但反过来它又塑造了主体的素质。

4. 校园文化的调适功能

学校校园文化的调适功能，是指校园文化要在学校内部创造一种情感相通、关系融洽的和谐环境，它注意消除不公正现象，启发全校成员的内省力，使人际关系和谐；它注意满足学生感情和价值实现上的需要。校园文化消融的是"板结"面孔，消除的是"板块"结构，以目标和价值认同来统一全校学生的行动，以情感联络为纽带协调人际关系，发挥协调功能。换言之，校园文化通过创造一致的精神气候和融洽的文化氛围，形成一种有效的"软约束机制"，以消除人们心理上的自我干扰和行为上的相互摩擦，减少内耗，协调人际关系，使个体的潜能得到进一步的发掘和发挥。例如，浸透了校园文化精神的学校校规校训、校风校貌、校内人际关系、道德风尚等，对学校每个成员的思想和行为都起着一定的约束作用，是一种由内心心理制约而发生作用的自我管理和约束，它是通过学校成员自省时的内疚自责而改变不良行为的约束。

学校校园文化的调适功能主要表现为三个层次：一是学校中师生个体行为相互配合，从而产生最优绩效；二是局部工作上的协调，主要指学校各部门的相互配合与支持；三是指精神上的相互协调、相互认同，互为精神支柱。这种协调是最高境界的协调，是信仰上的理解，追求上的默契，人格上的认可，品德上的尊敬，情感上的融洽，价值观上的基本一致，行为上的相互信任。

学校校园文化的调适功能主要是相对于人际关系冲突特别是思想的冲突而言的。对教师而言，良好的校园文化能促使同人之间精神上相互认同、互为支柱。在校园精神文化的烛照下，同事之间信仰上理解，追求上默契，人格上认同，品德上尊重，情感上融洽，理念上求同，行为上信任，构建形成和谐的人际关系。对学生而言，健康向上的精神文化，有利于学生化解不良情绪，放松紧张心理；启迪学生正视自我，愉悦身心，克服困难，增强信心，增强自我调节能力，增强奋发向上的动力。

良好的高中校园文化及其运作机制应当有利于人们情感的宣泄、思想的传播交流、认识上的调整统一，从而潜移默化地协调人们的认识偏差，永远能理解真实的生活和真实的人生，同时引导整个学生群体的价值观的整合，获得个体和群体在发展目标上的一致，形成爱校、建校目标的一致性，为缓和冲突、化解矛盾、理顺关系提供软环境、软机制，并为解决冲突提供理想的渠道。

5. 校园文化的凝聚功能

高中校园文化的凝聚功能，是指当校园文化中以学校精神为核心的价值观被校园人共同认可之后，在全体校园人中产生强烈的认同感和归属感，使个人的信念、感情、行为与学校的目标有机统一起来，形成稳定的文化氛围，凝聚成一种合力和整体趋向，从而产生一种巨大的向心力和凝聚力。

凝聚力是一种精神动力。民族的凝聚力是综合国力的重要部分。学生的凝聚力是学校战胜一切困难，促进发展的重要力量。校园文化建设的凝聚功能是在师生员工的共同努力下形成的，是被全校师生员工认同而又具有独特风格的学校精神。高中学校校园文化的凝聚功能主要体现在：巩固现有师生的团结，对于新加入的师生起转化、融合的功能。校园文化中所蕴含的价值观被学校成员共同认可后，这种价值观便成为师生的黏合剂，从而产生巨大的向心力和凝聚力，从各个方面将广大师生团结在一起，使全体师生乐于参加学校的建设，发挥各自的潜能，为办学目标的实现做出贡献。对于学校新成员而言，良好的学校校园文化具有辐射、转化、融合的功能，新的师生经过耳濡目染，会潜移默化受到熏陶，逐步融入学校整体，成为校园文化的继承者和传递者。

在学校人际关系融洽、和谐和进取的基础上，当师生员工的个人发展要求、兴趣爱好与学校精神融为一体时，将会产生巨大的凝聚力，这种凝聚力又将会促使师生员工认同学校的传统合作。找到自己在学校发展中的责任和使命，产生维护学校精神的强烈的归属感和责任心，愿意和学校同呼吸共命运。学校要通过有计划、有步骤地开展师生员工喜闻乐见的校园文化活动，激发师生员工的兴趣，让他们产生积极参与和合作的热情，充分发挥和展示他们的才智和积极性，让师生员工的个人发展要求、兴趣爱好与学校精神融为一体，形成统一的价值观和行为准则。底蕴深厚、健康向上、丰富多彩的校园文化将学生的兴趣爱好、青春活力集中于人格的完善、学业的完成和素质的提高上，从而减少不良文化的影响和不良行为的发生，起到促进学校稳定和发展的作用。学校工作就会产生巨大的向心力和凝聚力，校园文化也就会升华成为一种促进师生员工奋发向上的学校精神。

第二节 高中校园文化建设原则与要求

一、高中校园文化建设的原则

高中校园文化建设的原则是为了实现校园文化建设的目标，在总结实践经验的基础上制定的、实施校园文化建设所应该遵循的基本准则。正确地掌握和运用这些原则是遵循校园文化建设规律、实现校园文化建设目标的重要前提和保证。

（一）共性与个性统一的原则

现代社会往往令人生活在一种左右为难的价值冲突与矛盾之中。一方面人们感受到全球化和科学技术带来的经济文化乃至生活方式的渐进式一体化趋势；另一方面人们又常常渴求一种认同感和归属感。学校校园文化建设同样面临着在二者之间谋求一种良性互补的课题，即在充分保留和发展个性的基础上，了解和遵从校园文化发展的共性及其普遍行为模式，实现共性与个性的统一。

校园文化的共性要求亦即其普遍性要求，是指校园文化建设应站在整个人类文化发展的高度，使自己认识到不仅归属于某种文化，而且是人类社会的一分子，在与社会的互动关系中，某个阶段的校园文化总是要受社会发展阶段、政治经济发展水平、教育政策、社会思潮等种种因素的影响和制约，需要了解和遵循人类文化发展的普遍意义和规律。它反映出学校校园文化的共性特征。

校园文化的个性要求亦即其特殊性要求，是指某一所学校或某一类学校根据其自身特点所形成的独特要求，它反映出学校文化的个性特征。由于每所学校在教育体系中的定位、历史和传统并不完全相同，所以每所学校所体现出来的校园文化，具有鲜明的个性是非常正常的，而这种个性和特色也往往是一所学校的优势之所在。

个性和特色的形成有着深厚的历史积淀，因此，高中校园文化建设要与时俱进，但绝不意味着抛弃个性和特色，都采用一种发展模式。没有了个性，也就不会形成良好的共性。每所高中学校都要认清自己的优势，找准自己的定位，保持自己的个性，不追风、不趋同，办出特色、办出水平，才能保持住自己的优势。对于整个校园文化建设而言，正是由于个性的存在，不同的风格、精神在一起相映成趣，才形成了高中教育的繁荣景象。

（二）继承与创新统一的原则

高中学校校园文化建设要始终坚持继承与创新相结合的原则。校园文化与社会其他文化一样，都是一定社会生活的反映，社会是发展的，文化也要发展，也要创新，也要与时俱进。但文化的发展创新是在继承民族优秀文化传统基础之上的创新。中国高中教育在长期发展过程中积累了很多校园文化建设的传统和经验，这些经验是宝贵的，是应该继承的。

1. 校园文化建设要继承民族传统

中华人民共和国成立以来，我国高中教育有了长足的发展。快速发展的高中教育为校园文化建设提供了条件，积累了经验。不论是历史上的优秀文化传统，还是学校文化建设的经验，对今天的校园文化建设而言都是宝贵的。只有把创新和继承有机地结合起来，才能使创新有现实的基础，才能使学校校园文化建设扎根于民族文化的沃土之中，才能具有生生不息的活力。

文化继承既有纵向传承之内涵，也有横向借鉴之意义。国与国之间、校与校之间的成果借鉴、经验借鉴也是必要的、有益的。任何文化的优秀成果，都是人类文明的一部分，都是可以借鉴的。学校校园文化建设必须立足现实，面向未来，面向世界，学习相关名校的经验，把学得的经验和本校的实际相结合，有选择地加以利用。

2. 校园文化建设要遵循创新原则

（1）着力推进观念创新。在推进校园文化建设的创新过程中，全面总结、继承学校的优良传统，正确分析、认识学校现状，借鉴、引入先进文化和理念，形成一种能为师生普遍认同和理解的价值观和组织信念，而不能单纯依靠行政命令、规章制度去约束学生，应把校园文化建设作为教育的一个重要内容来抓，把校园文化建设提高到培养合格的国家建设事业接班人的高度来认识，促进教书育人、管理育人、服务育人的真正落实。

（2）着力推进精神文化内容创新。学校必须创新校园精神文化内容，大力发展先进文化，支持健康有益文化，努力改造落后文化，坚决抵制腐朽文化，从而正确引导校园文化的走向，使学校成为先进文化的重要基地。

（3）着力推进制度文化创新。市场经济条件下学生的思想行为发生了深刻的变化，其价值观念、理想信仰等出现了多元化、全方位化的趋势，这就要求我们必须以科学的态度、严格的制度引导、调控和规范校园文化。学校的各项制度要为大多数学生接受并能长期坚持下去，从学生中来，反映学生的意志，尊重学生的意见；要保持相对稳定性，为管理的连续性提供重要保证，但制度并非一成不变，随着形势的发展，学生思想政治素质的提高，以及不断出现的新情况，可以有针对性地对管理制度加以改进，这不仅是民主管理、科学管理的重要体现，也是校园文化建设的内在要求。只有做到以合理的规章制度规范校园文化建设，才能保证高中校园文化积极、健康地发展，也才能真正起到文化育人的作用。

（4）着力推进文化活动形式创新。任何一种理念或者思想，都必须通过一定的活动形式来表达。在网络进入校园，各种思潮纷繁复杂涌入学校的新形势下，如果仍然全部采用常规的手段和方法，容易引起学生的反感和抵触。可以在保留有效形式的基础之上，转换思路，另辟蹊径，从学生感兴趣的地方着手，以期取得意想不到的效果。

总而言之，校园文化建设的创新，必须处理好继承与发展的关系，汲取我国优秀传统文化的精髓，在继承中创新发展；必须处理好民族文化与外来文化的关系，坚持对外开放，开展对外文化交流，吸收世界文化中的优秀成果；必须处理好弘扬主旋律与提倡多样化的关系，在坚持优良传统的基础上，以观念的创新带动制度、内容、形式的创新，让校园文化活动的创新蔚然成风。

（三）物质文化与精神文化统一的原则

校园物质文化建设是校园中各种可见的、有形的、自然的文化特征，它们显示在校园空间中，反映一定群体的精神风貌、审美情趣、价值趋向。校园物质文化景观作为人类空间设计的特殊产物育人的场所，集中反映了一个国家文化价值观念的主流，尤其反映了教育目的的价值取向。学生生活在其中，会受到潜移默化的教育影响，形成相应的文化观念，拓宽生活的视野。

校园精神文化建设是学校在长期办学过程中形成的一种学校意识和文化观念，是一种深层的校园文化，是校园文化的核心，体现着校园文化的方向和实质。当代社会的精神文化内涵丰富，科学精神、人文精神和创新精神是其主要方面。在校园文化建设的系统中，精神文化对学校的发展和师生群体积极向上的思想行为的形成有着不可替代的作用。首先，由于精神文化反映了学校最重要的价值取向，因此它在很大程度上影响和主导着师生的价值取向，可以唤起师生高尚的情感，影响和形成他们真善美的德行和品格，从而表现出价值导向的功能。其次，培养"以校为荣，为校争光"的家园感情，增强师生的向心力、归属感和责任感是学校精神文化建设的立足点，这种借助精神纽带吸引和团结校内所有成员，并唤起和建立起来的求实、求真、求新精神和高度和谐、信任、友爱、理解、互尊的群体共识，有利于排斥任何有悖于校园精神的离心情绪，形成校园群体共同拥有的责任意识、归属意识、集体意识、创新意识，增强校园凝聚力。最后，由精神文化产生的教育环境和精神氛围，对学生本身就是一种潜在心理压力和动力，客观上还可以达到规范和约束众人言行举止的效果。

校园物质文化与精神文化是一个有机整体。物质文化是校园文化的物质载体，它是整个校园文化的外在标志，其核心内涵是校园文化中的特殊的精神文化因素。物质文化建设的目的应该是使其成为承担精神文化的载体，建设物质文化不是目的，而是手段。精神文化建设隐含在物质文化建设中，是校园文化建设中实质性和根本性的组成部分，它是校园文化存在的价值意义，是校园文化建设的根本目的，忽视精神文化建设，校园文化建设就只能流于形式。

（四）科学精神与人文精神统一的原则

科学精神与人文精神是人类精神不可或缺的重要内容。科学精神伴随着人类科学活动的产生而产生，伴随其发展而发展。从早期崇尚自然、追求和谐、坚持思考，到今天人们在生产生活实践基础上，形成勤于探索、善于启智、精于研修、敢于怀疑、勇于创新的精神，使当代的科学精神有着全新的内容：一方面，随着科学理论的升华和科学技术的进步，科学实践已成为人们生活方式的一部分；另一方面，对"科学技术"的功用辩证地把握，既要积极促进科技发展，又要通过人类共同的努力，防范其产生不良后果。人文精神则是从"人文主义"演变和引申过来的，主要是从文化上，尤其从人文科学的背景上来探讨人的问题。人文精神是整个人类文化所体现的最根本的精神，或者说是整个文化生活的内在核心，它以追求真善美等崇高的价值理想为核心，以人自身的全面发展为终极目的。

科学精神与人文精神两者是辩证统一的，它们都贯穿在科学探究和人文思考过程中，是人类实践的精神实质。从总体上看，科学精神与人文精神表现出这样的关系：科学精神以物为尺度，追求真实，推崇理性至上、探索无禁区等；人文精神以人为中心，追求美好，肯定认识有禁忌等，这些特点使它们主导了人类认识和观察世界的两种基本方法、两个重要维度。虽然科学精神和人文精神在关注的对象上有所不同，但在精神实质和深层底蕴上则是互通和互补的，都力求逼近真善美的理想境界。科学精神和人文精神既互相促进，又相互限定，对社会进步和人的发展具有重要意义。

二、高中校园文化建设的要求

（一）校风与学风建设的要求

校风是一所学校师生员工共同具有并表现出来的突出行为作风，是在目标一致的基础上，经过集体的努力，长期形成的一种风气。它是校园文化建设的核心，是校园文化中表现最活跃、最有教育力量的因素，既是培养师生良好思想行为的土壤，又是校园文化赖以存在的支柱。校风是构成高中校园精神文化的独特因素，是高中学校精神的浓缩与精华，是其外在表现。在内容上校风主要包括教风和学风。在体现形式上，校风主要表现为校训、校歌、校徽和校旗等。

校风的形成和建设是一个长期过程，但良好的校风一经形成，在校园内，它就是一种巨大的教育力量和价值导向，时刻给人潜移默化的影响，使校园主体不断调整自己的世界观、人生观和价值观，自觉改变与校风不适的言行举止，由不自觉的顺从到自觉融入再到积极参与，成为校园主体重塑自我的能量，校风也是一种巨大的管理力量，它从价值准则上规范着人们的行为和习惯，具有强大的约束力和震撼力，这种无声的命令产生持久的凝聚作用，使校园主体为了共同的追求顾全大局。

良好的校风对学生成才具有广泛的影响，而且这种影响深刻、持久，有的甚至在人的一生中都将发生作用，主要表现在三个方面：①有助于培养学生良好的精神文明素质。良好的校风一经形成，将给予学生的思想倾向、道德品质以及生活方式以有力的影响，并且通过学生把这种影响扩散传播到社会。②有助于良好学风的形成。学风是校风的一个重要组成部分，校风的好坏直接关系到学风的好坏。目前，有些学生学习目的不明确，学习动力不足，学习积极性不高，得过且过，如果这只是个别现象，不足为奇。如果形成了一种普遍现象，可见这所学校没有形成良好的校风，这就必须引起学校领导和教师的重视。③影响学生的思维方式和成才的方式。面对科学技术发展的新形势，现代教育要面向世界、面向未来、面向现代化，这一指导思想应成为校风建设的重要组成部分。现代教育是开放的、多维的，其思维方式和治学方式直接影响着人才的成长方式。开放的、多维的治学风格应该成为新时代校风的主要特征，也是新时代良好学校环境的重要特征。

学风是学生学习目的、学习态度、学习纪律的综合反映。学风问题直接影响教育质量。就高中学校而言，学风问题影响其教育质量和人才培养水平，从学生角度来看，学风问题影响其自身的学习绩效，乃至今后的成长和进步。一所学校真正形成了勤奋、严谨、求实、进取的优良学风，就会对生活在这个环境中的每位学生产生潜移默化的影响，使学生自觉或不自觉地受到熏陶。这种熏陶和影响，对于提高教育质量、促进人才培养具有直接推动作用。而这种推动作用和积极影响不仅反映在学生学习阶段，还将对学生毕业后的发展和成就事业发挥重要作用。

1. 学校校风建设要求

优良校风的培育，一般要经过认识的提高、情感的体验、意志的努力和行为的锻炼，才能逐步养成校园主体共同的习惯和风尚，形成学校统一的舆论和风气。所以，要根据校风养成的特点，从一点一滴的培育做起，反复强化，持之以恒，不断加以倡导和推进，把理想教育和常规管理结合起来，从严要求，抓深抓细，扎扎实实，讲求实效；把合乎共同理想、目标的行为习惯和精神风尚转化为校园主题的自觉的观念和追求，促进校风建设。

优良校风的形成，还需要有科学规范的管理制度体系。制度体现校风，校风是无形的制度，制度一旦经校园主体认同和接受，就会形成他们自觉遵从和维护的无须强制便能发生教育影响的精神要求。因此，要从本校的实际出发建立和完善各项管理制度，做到从教务、学生管理、科研、财务、设备、人力资源、后勤等到师生员工的个人行为规范，各项管理制度具体健全，操作性强，衔接一致，并保持相对的稳定性。一个好的校风不仅需要有一个好的体制，更需要一个好的领导和管理机构。制度制定以后，学校要组织校园主体认真学习各项制度，努力做到尽人皆知，自觉地贯彻执行。

优良校风的形成，还有赖于师生共建和谐的校园人际关系，主要是要处理好领导与教师、教师与学生的关系。教师与校领导之间建立和谐的关系，有利于调动双方教育劳动的积极性，形成教育工作所必需的"向心力"和合力。教师与领导之间是否团结协作、和谐一致，关系到教育过程能否顺利开展，在很大程度上直接影响到学校教育的效果和校风的建设。因此要深入"尊重教师，服从领导"是正确处理好教师与学校领导的关系必须遵守的重要规范。师生关系的融洽是完成教育任务的必备条件，也是校风的重要体现。从社会心理学角度看，教师与学生是一种相互的社会关系，师生是平等的，平等的关系为相互沟通、相互理解、相互影响搭建了一个很好的平台。学生尊敬教师，促使教师更看重教师职业，更珍惜师生情谊；而教师尊重学生，也会促使学生更加努力，达到理想目标的要求。

2. 学校学风建设要求

优良的学风重在建设，学风建设与校风建设一样，有其自身的规律，需要科学的方法。一般而言，学校学风建设应做到以下七个方面。

（1）切实加强领导作风建设。领导作风是学风建设的关键，要建设好的学风，先要加强领导作风建设。领导作风的建设要按照要求进行，做到实事求是、与时俱进，深入了解高中教育的特点，不断深化对高中教育实质的认识、准确把握高中学校育人标准的内涵和要求，用科学的发展观来确定学校发展的主、次要工作，不断提高管理能力和水平。将科学的领导理念贯穿于完善、制定和实施科学规范的管理规章制度中，确保学风建设的顺利进行。

（2）端正教风是学风建设的突破口。优良学风是优良教风的必然要求与最终结果，教师要以德育人、爱岗敬业、为人师表、教书育人，以自己的道德追求、道德情感、道德形象引导教育学生；强化教书育人责任意识，与学生建立相互尊重的现代师生关系，以崇高的人格魅力影响和带动学生，以优良的教风带动学风建设，以良好的学风促进教风发展，形成师生互动、教学相长的生动局面；大力提倡严谨治学、从严治教的作风，把教书和育人结合起来，培养能力和开发智力结合起来，言教和身教结合起来。

（3）注重思想教育，帮助学生树立正确的成才观。思想是行动的源泉，没有稳定的专业思想和较强的专业意识，很难搞好学习，也难以形成良好学风。只有思想教育搞好了，学生树立了正确的学习目标，才有学习上的持久动力。因此，要大力加强学生思想教育，下决心"治本"，致力于解决学生的人生观、价值观等深层次问题，帮助学生树立正确的学习目标，端正学生的学习观念和学习态度，使广大学生真正从思想上认识努力学习科学文化知识，掌握过硬专业技能的重要意义，从而以实际行动积极参加学校的学风建设活动。

（4）加强制度建设，对学生进行严格科学管理。学校要依据教育方针和学校培养目标的要求，针对目前一些学生学习自觉性差、自制能力弱的情况，建立科学合理的规章制度，规范学生的行为。为使学生管理更加规范科学，促进良好学风形成，各级学生工作部门要认真研究学生工作的规律和特点，不断探索建设优良学风的新举措，在综合测评、素质达标、考勤考核、学籍管理等方面制定出适合各专业特点的制度或办法，并且组织实施，把学生的注意力和兴趣吸引到学习上来，为学风建设提供强有力的保障。

（5）深化教学改革，调动学生积极性。教学改革和学风建设相辅相成，相互促进。教学改革不深化，优良学风难以形成；学风建设搞不好，教改难以持续发展，甚至半途而废。因此，要深入进行教学内容和课程体系、教学方法和教学手段改革，一手抓教学改革，一手抓学风建设。同时，加强师德师风建设，从严执教，以良好的教风来推动学风建设。

（6）重视学生在学风建设中的主体作用。学风建设涉及学校的领导、教师和广大学生，应该都是学风建设的主体。但学风更主要反映学生的求学精神和治学态度，因为学生既是学风的主要传承者和弘扬者，又是学风的建设者和得益者。学生内在的求学精神和动力是学生端正治学态度和成长成才的关键因素。重视学生在学风建设中的主体作用就是要加强对学生进行学风的教育，重视学生自我教育和自我管理，使他们自觉提升自身素质，是学校学风建设的内部动因。而要真正使学生形成正确的学习态度、学习动力、学习方法，产生科学的世界观、人生观、价值观，必须依靠他们自身的努力，因为他们才是促进自己进步和成长的内因。为此，在学校学风建设中，一定要抓好学生的自我教育、自我管理，创造条件让他们积极主动地进行身心的锻炼和修养，自觉地参与学风建设的各项工作，在参与过程中认识自我、挖掘自我、完善自我。

（7）优化学习环境，创建高雅的校园文化。加强高中学生素质教育尤其是人文素质教育是当前我国高中教育改革的重要内容，也是创建优良学风的重要组成部分。学校应克服困难，加强人文素质教育，确立以课程教学为中心、以各种校园文化活动为基础的人文教育格局。学校要经常组织文化科技活动，通过举办专家学术报告会、优秀学生论文汇报会、教育实习报告会等多种形式，丰富学生的课余文化生活。鼓励学生走出校园，参与社会调查、科技扶贫、志愿者服务等社会实践活动，推动学生科学研究和科技创新，培养创新精神和实践能力，提高学生的综合素质，努力营造积极向上、健康有益的成才氛围，以促进优良学风的形成。

（二）师德与教风建设的要求

1. 学校师德的要求

（1）师德的基本理论。师德可称为教师职业道德，师德师风是评价教师队伍素质素养的第一标准。师德是指从事教师职业或担任教师角色的人在教育教学活动中应当具备的道德素养和职业品格，它具有职业道德和角色伦理的双重意蕴，既规定了教师的基本行为准则，又指向教师为人处世的大格局与高境界，具有一定的社会强制性，同时又蕴含着教师个体自律、自觉、自主、自由的维度。

"师德"一般是指教师道德或教师职业道德。职业道德是从业人员在职业活动中应该遵循的行为准则和所应当具备的素养或品格，它不同于一般的道德，后者通常与经济等有明确的界限与分别，而职业道德往往包含基本的法律、规则意识。作为一种具体、特定的职业道德，师德既蕴含着贯穿一切职业道德的一般性，又因教师这一特定职业而具有其特殊性，就其一般性而言，师德涵盖了爱国、遵纪守法、爱岗敬业等方面的内容，这是从事任何职业的人都应当遵循的基本行为准则，就其特殊性而言，师德则涉及教师在教育工作及相关活动中应该具备的道德素养和职业品格，包括关爱学生、为人师表、遵循教育之道等内容。

第一，师德既是一种职业道德，也具有角色伦理的意蕴。教师如同医生、律师、厨师等，先是作为一种社会职业而存在。任何职业都有其自身的规范和要求，作为教师职业道德，师德即体现了社会对教师这一职业的有关规定和要求。具体而言，这主要涉及法律、道德和专业精神等方面的规约。教师在道德方面，应该具备良好的品德，应该以仁爱、公正之心对待学生，应该以身作则、率先垂范；专业精神方面，应当热爱教育工作，兢兢业业、专心致力于教育事业，遵循教育之道培养人才，应当重教、乐教、善教。师德既可从教师职业道德的意义上来把握，也可从角色伦理的视域加以理解。处在社会关系中的人往往享受一定的权利并承担相应的职责和义务，并希冀在具体的人际关系及有关活动中实现自我价值、创造人生价值，"角色"即人在各种社会关系及相关活动中的一种定位，"角色伦理"则是人处理好各种社会关系及合理展开人际活动的道德伦理规范。

教师作为一种社会角色，和其他社会角色相同，是在人际关系中被建构和被规定的，这涉及教师和学生、教师和家长、教师和教师、教师和学校、教师和社会、教师与国家等多重关系，就其中最主要的师生关系而言，教师和学生之间不是一种"我—他"关系，即并非主体和客体、主体和对象、自我与他者的关系，而是"我—你"关系，即主体和主体的关系，这意味着教师和学生之间应当相互关爱、相互尊重、相互交流、相互促进、相互成就。

关爱学生、尊重学生，是教师角色伦理的基本要求和基本内容。当然，由于从事教师职业的人不只担任教师这一角色，还可能是社会公民、家长、子女、领导等不同角色的承担者，所以这必然涉及如何处理多个角色之关系的问题。再加之教师担负着化人育才、培养贤达的重任，自身必须是身正、学高、技精的人之模范。故而师德往往也关联乃至渗透着社会公德、家庭美德和个人品德，而不只是停留于教师职业的行规。

第二，师德既规定了教师施教育人、行事作为的基本准则，也指向教师为人处世的大格局与高境界。教师职业道德首先蕴含着教师行业的底线伦理，规定着教师的基本条件和基本素养，如对教育工作的认真、负责，对学生的关爱、尊重，对教育规律和法规的认同、遵循，对教育之道的专精、熟稔，这些都是师德最基本的规定和要求，是衡量一位教师是否合格的基本标准，也是一个人成为教师的资格条件。当然，由于教育的目的不仅在于让人懂得生活常识、获得某种具体知识、掌握某种专业技能，更在于使人拥有健全的人格、独立的尊严和自由的思想，所以无论是社会公众还是教师个人，对教师这一职业、这一角色都有更高的期待和要求，尤其是对教师的品德有颇高的期望。所谓"学高为师，身正为范""学为人师，行为世范"，又所谓"春蚕到死丝方尽，蜡炬成灰泪始干"（李商隐《无题·相见时难别亦难》）"半亩方塘长流水，呕心沥血育新苗"（《板书有感》），这都蕴含着人们对教师应当拥有良好品德与高尚人格的期许。就此而言，师德乃超乎一般的职业道德，存在着高于底线伦理的方面。

第三，师德既涵括了社会强制性的要求，又包含教师个体自律、自觉、自主、自由的意蕴。既然师德规定了作为教师的底线，它就势必具有一定的强制性，这种强制性体现在，作为一名教师，必有其该当履行的义务和职责，必有其该当遵循的基本行为准则，亦必有其该当具备的政治立场、法规意识、品德修养和专业素质。如爱国守法、爱生重教、爱岗敬业、认真负责、专业专精等，这些都是教师必须做到的方面。但是，如果一名教师只是守住了底线而并无更高的追求、更加良善的表现，那么这样的师者只能说是一位合格的教师，很难称得上"良师"或"人师"（与"经师"相对而言）。

自古及今，人们对教师的期待和要求一般超越或高于从事教师职业、承担教师角色的底线，往往认为教师就应当是为人师表、品行优良、情操高尚、三观确当、学识渊博、专业精湛、献身教育、大爱无私、甘于奉献的"良师"或"人师"。换言之，唯有如此这般的"良师"或"人师"，才是人们心目中的好教师，这样的师者绝不只是被动地按照教师职业的底线伦理去行动，而是在其发自内心的教育理想、教育热情的激发下，积极承担教师使命，自觉遵守师德规范，自主践行教育精神，自由创造教育价值并实现其个人价值与社会价值，这充分彰显了教师的主体性、能动性，无疑也是师德观念的题中应有之义。

（2）师德的主要特征。

第一，先进性特征。先进性是教师职业道德的一大特点，教师在教学方法的设计中，需要充分分析学生的特点，有针对性地设计教学方案，这不仅要求教师具备过硬的专业知识与技能，还要具备细致入微的观察能力。在教学中，针对课程内容选择适当的教具，培养高中学生的动手能力，以启发式教学的形式调动学生的兴趣，吸引学生的注意力。形成教师为主导，学生为主体的教学氛围，建立健康的师生关系。让学生在和谐、愉快的学习氛围中生活、学习。

第二，示范性特征。教师职业是一种道德服务，教师本身的人格、道德修养就是一种教育力量，教师的言行举止和思想道德观念，对学生、对社会都有示范作用，学生必然耳濡目染。高中教师师德具有教育人、感化人的作用。无论是教师个人的道德品质，还是教师的集体风貌，都具有独特的示范性。要做未来人的雕塑家，就要求教师不仅要用渊博的学识教育人，还要用高尚的人格感染人，努力使自己成为学生模仿的对象，对学生的学习和成长起到示范作用，成为学生做人的引路者。

总体而言，示范性是教师师德的重要体现方面。高中学生正处于人生中十分关键的模仿期，因此常会将教师当作一个特别厉害的存在对其行为和语言进行学习，甚至还会将教师摆在比父母还要重要的位置上。从而在学习过程中自觉不自觉地对教师进行模仿学习。基于此，教师要更加注意自己的言行举止，以给学生留下更加正面、积极向上的影响，使其自觉学习那些好的行为举止和处世方式，从而为学生今后发展打下良好的基础。

第三，深远性特征。如果一位教师拥有崇高的职业道德理想，散发着令人尊敬的人格魅力，那么他将成为强有力的教育力量和榜样，对学生的成长将产生深远的影响，甚至影响到他们对人生道路的选择。就影响广度而言，教师道德不仅影响在校学生，还会通过学生影响到学生的家庭，并通过家庭延伸到周围社区甚至整个社会。从影响深度而言，教师道德在教育过程中不仅作用于学生的感官，还深入学生的心灵，影响并塑造学生的品质；不仅影响学生在校时期的成长，还会影响他的一生，进而影响到整个社会的发展。尤其是对学生而言，这种影响会延伸到他学习、生活的各个方面，因为一个人的思想观念一旦受到影响，那么他随之产生的行为也会发生变化。

教师师德的影响深入学生的心灵，不仅影响到学生的今天，而且影响到学生的未来，甚至影响其一生，这种影响具有潜在性，它所产生的效果不一定立竿见影，往往具有迟效性和后显性。教师师德的影响还具有广泛性，它不仅作用于每个学生，而且会通过学生影响到家庭和社会。

第四，自觉性特征。教师是以个体的脑力劳动作为主要的劳动方式，这一劳动方式具有独立性、灵活性和自主性的特点。教师的许多工作，诸如教师精心备课、认真批改作业、平等友爱地尊重并教育学生，真诚有效地与家长沟通等，都处于无人监督的情况下，需要教师自觉地完成。此外，教师对学生的教育和影响并不仅仅局限在课堂和学校，在任何时间、任何地点，教师都会自觉或不自觉地对学生产生影响，这种劳动时间和劳动空间的灵活性，要求教师在遵守职业道德方面具有高度的自觉性。总而言之，师德的高度自觉性对学生成长的影响至关重要。

基于教师责任的重大及其劳动的特殊性，因此，教师师德对教师自觉性的要求就提高了，教师个人基于理念，往往对自身也有较高的要求。

第五，继承性特征。教师师德具有继承性。一视同仁也是教师应该具有的品德，对教师而言，一个班级的学生有可爱乖巧的，也有调皮的，虽然学生有诸多差异，会使得教师更加偏爱某一部分学生，但这是不可取的做法。因为每个学生都是特别的，他们身上都有着自己的优缺点，作为教师必须对他们一视同仁，让所有学生都能感受到教师的关怀和爱护，从而营造一个良好的教学环境和师生关系。为更好地做到这点，教师可以积极参与学生们的活动，在活动的过程中对学生的个性和闪光点进行充分挖掘。而且这种平等沟通对话的形式也可以促进学生对教师的喜爱，使其更自觉地听从教师的建议，从而在课堂上表现得更好，由此，会更有利于教师进行教育教学。

为达到更好的教育效果，教师可以用多种方式表达对学生的喜欢和重视，例如，言语鼓励、亲近的动作等，令学生感受到自己是被重视的，而且在这一过程中，教师还要注意自己的表达习惯，应尽可能采取柔和的语言对学生进行教育，特别是高中学生还处于学习的关键时期，在这种情况下，也需要教师耐心聆听，并鼓励他们表达自己内心真实的想法。同时，为了更好地促进学生成长，教师还可以在沟通的时候将自己的想法、期待以及情绪告诉学生，以使教师和学生进行更有效的沟通，并以此提升教育效果。

（3）师德的修养要求。

第一，坚定的师德信念。教师需要具备广博的知识、专业的技能和认真的态度。如果没有精湛的教学业务知识、高超的科研教学能力、开放的胸怀视野与乐学善学的工作态度，就难以获得学生的认可与尊重，教师的工作任务乃至于教育目标也都难以有效达成。因此，教师在工作中必须秉承精益求精的教学理念。教师秉承精益求精的教学理念需要注意以下两方面。

一是要求教师应该进一步增强学习的主动性和对学生教育的工作积极性，始终坚持立德树人、德育为先，育人先自育。教师应主动把学校的思想政治课程教育、专业学习、线上及线下学习有机结合起来，进行全过程全方位育人。加强与广大学生的有效沟通，了解广大学生的思想动态，通过自己的文化修养和良好的言行举止来教育和影响学生，在潜移默化中培养高中生的学习精神、学术素质及职业道德。

二是要求教师努力提高授课能力，坚持以教学需求为导向，转变教学观念，创新我国教育的新观念、新技术、新手段和新方法；树立素质教育意识，加强课程教学管理、制定科学的课程目标和考试的要求，提高高中课堂教学效果，提升人才培养质量。

第二，正确的师德认识。师德一般是指教师的职业道德。教师在开展义务教育课堂建设和教学理念实践的过程中，内化师德道德规范，深化师德情感，锻炼师德意志，通过实践、认识、再实践的过程，逐步加强对师德的认识。

一是理性认识教师职业道德与学生言行品德。高中教师在开展教育实践活动过程中的一项重要任务，就是通过培训和引导学生，传授有关科学与文化方面的知识，使其熟练掌握各个学科知识；通过言传身教帮助学生树立正确的人生观，提高学生的个人修养。想要实现以上的教育目标，就必须按照师德师风规范来践行自己的道德准则和行为规范。目前用来规范师生交往的职业道德准则，主要有"以身作则，为人师表"和"学而不厌，诲人不倦"。

以身作则，为人师表。以身作则是指教师在各方面都应成为学生和他人效法的表率、榜样。教师的言行举止具有很强的社会示范性，即教师的一言一行对于学生的学习态度、价值取向以及身心健康都有着举足轻重的影响。为人师表是一种来自教育者严格的律己性，以及与学生平等密切交往而产生的耳濡目染、潜移默化的深远影响。教师的言行最容易引起学生的敬佩、向往和效仿，因此，教师必须以身作则，增强教育的实效性。

学而不厌，诲人不倦。学而不厌，是指教师需要努力并且持续地去学习。《汉书·董仲舒传》曾特别强调"学而不厌"的意义和重要性："强勉学问，则闻见博而知益明；强勉行道，则德日起而大有功。"教师在学习中勤奋努力，就一定能够学识广博、智慧明达。学识渊博是一个教师落实教书育人的根本要求。教师不仅是教书育人的教导者，还要努力成为答疑解惑的知识智者，给广大学生指明正确人生目标和发展方向，教会广大学生学习生活的正确方法。教师只有博学多识，掌握一套系统科学的课堂教学管理手段和教育方法，树立终身学习的核心价值观念和态度，才能真正赢得学生的高度信任和广泛敬仰，激励学生勤奋上进。教师还应在教育教学过程中乐此不疲，诲人不倦，因材施教，竭尽全力让每个学生在学习中受益。

二是辩证看待自身成长与社会师德规范。在国家现代化建设中，必须协调好个体成长和社会道德价值的关系。教师的职业性质决定了其个体成长和道德价值，必须服从并服务于社会道德价值的总体方向和任务目标，个人成长和社会价值相统一。当前，我国教师教育工作的指导思想和经济社会发展目标，就是要切实地深入推进科学的素质教育，培养大批有理想、有道德、有文化、有纪律的德智体美劳全面发展的国家建设者和接班人，以满足促进社会和谐发展的迫切需要。因此，一名优秀的教师必须牢固树立正确的师德规范，从如何满足我国社会经济发展的重大现实需求角度出发，利用自身的教学智慧和实践能力为我国经济和社会发展服务。

在社会道德规范中实现自我的发展。教师必须具有较高的才能和良好的师德，才能更好地教育他人，成为思想文化的传播者，肩负起引导学生成才的重任。出于职业要求，教师必须加强自身修养，自我调节，以蓬勃的精神状态、高尚的道德情操、文明的言谈举止去教育感染学生。厚积薄发是对教师科学文化素质的要求，教师必须勤奋学习，保持强烈的求知欲，树立终身学习观，从而实现个人的成长。社会应为教师提供成长环境。在师德建设的过程中，对教师高期待和严要求的同时也应注重教师自身发展。师德对于教师不应是一种强制的外在束缚，而应是内在的精神追求；不仅是为了工作需要，更是提升自己的需要。只有将两方面有机结合起来才能更好地实现自身的人生价值。

2. 教风建设的要求

（1）教师职业道德建设是个系统的社会工程。实施师德建设工程必须注重加强教师自身的学习与修养。当前社会是智能社会和学习型社会，科学知识更新的速度越来越快，人的主体地位和作用将日益增大，社会活动将以人格的独立为前提，以创新精神为动力，以丰富的知识为基石。师德作为教师的行为规范，主要通过教师内心的信念起作用，主要依靠教师在师德修养过程中的自我意识和自我觉悟，一个师德高尚的教师必定是一个自觉进行师德修养的人。师德建设要求教师在实践中，注重自我学习、自我修炼、自我约束、自我调控。教师要自觉地学习政治理论，坚定理想信念，强化献身精神；学习教育理论，更新教育观念，遵循教育规律；学习专业知识，优化教学过程，提高教学效率；学习教育法规，增强法律意识，施行依法执教。只有教师的业务素质、业务能力提高了，学术事业开阔了，学术创新能力增强了，学术境界提高了，才能形成良好的师德、教风，才能达到师德建设的最终目的。

（2）实施师德建设工程要注重为教师学习和工作创造良好的环境。所谓教师职业道德环境是指影响教师职业道德意识、情感形成和发展，对教师职业行为的道德意义发生作用的一切外部因素的总和。学校的环境状况，对教师的价值取向、行为规范和道德风貌有直接影响。良好的制度环境和人文环境对教师而言，是一种潜移默化的教育，环境教育比思想道德理论灌输更具有感染力和渗透性，这种环境必须以稳定、开放、求实、发展为特征，必须具有一种勤奋、求实、敬业、创新的校风和蓬勃向上的进取精神，以及民主、平等、和谐、宽松、温馨的心理气氛。师德建设一定要从教师的工作和生活实际做起，学校要时刻把教师的需要和冷暖放在心中。社会和学校还要关心、理解、体贴教师，要把解决教师思想问题同解决实际问题结合起来，将思想道德建设寓于多做实事、好事的实际工作中，在全心全意为人民服务的工作中增强师德建设的感召力和影响力。

（3）实施师德建设工程必须注重制度建设。要进一步完善管理制度，建立科学有效、可操作的约束机制，以明确的政策导向，引导广大教师既重业务，又重品德修养，向又红又专的方向发展。当前政策导向的重点是要通过深化教学管理改革、科研管理改革、人事分配制度改革等，形成有利于教书育人、端正学术风气、规范学术行为的制度环境和良好氛围。要把师德建设工作列入学校工作的重要日程，有计划、有措施、有督促、有检查，不断深入推进。要建立和完善师德考评制度，奖优罚劣，把自律和他律结合起来，把激励和约束结合起来，促进广大教师对师德规范的积极认同和自觉遵守，使追求高尚师德蔚然成风。机制、制度、法制是对人进行制度塑造的三种主要形式，它们构成了一个系统，其中育人和用人是系统内的两个有机联系的阶段。育人为了用人，用人必须育人。在维护教师合法权益的基础上，要科学制定用人制度，确保人力资源得到最大化的开发和利用，用"无情"的制度实施"有情"的教育，从而使人们的"素质"不断趋于优良化。机制既要有激励性又要有约束性，逐步实行双向选择，即学校按建设和发展需要招聘教师，教师按能力和意愿竞争上岗，从而使教师队伍充满生机和活力，使教师具备责任感和创造性，真正形成"岗位能上能下、待遇能高能低、人员能进能出"的动态管理机制。

教师师德水平的高低直接影响着学校功能的实现程度，为此，高中学校要积极推进教风建设，加强校园精神文明建设，不断提高整体师德水平，提高教师的业务能力，努力营造尊重知识、尊重人才、尊重科学、尊重创造，诚实劳动，勇于创新，团结协作的良好校风、学风，努力推进社会、学校、教师三个层次的持续健康发展，为教育事业的振兴和建设和谐社会做出应有的贡献。

第三节　高中校园文化建设内容及有效途径

一、高中校园精神文化建设及其途径

校园精神文化包括体现学校特色和精神的优良传统、校训校风、人文精神和科学精神等，它是师生员工精神的避风港和养分的补给所，它虽然看不见、摸不着，但是一旦形成，就建立起自身的行为准则、价值取向、生活习惯和规范体系，它可以通过各种文化仪式来引导群体成员的行为、心理，使其在潜移默化中接受共同的思想引导、情感熏陶、意志磨炼和人格塑造，产生一种巨大的向心力和凝聚力；对学校师生员工的思想和行为起约束作用，使他们明辨是非。校园精神文化的形成、传播和发展，充满着创造活力和创新精神，能激励学生探索奥秘、增加求知的自觉性和解惑的主动性，促进学生创新能力的培养。

高中校园精神文化建设主要包括校风文化建设、教风文化建设、学风文化建设、学校人际关系文化建设、第二课堂的文化建设、网络文化建设等内容，下面重点阐述学校人际关系的文化建设、第二课堂的文化建设、网络文化建设等内容。

（一）学校人际关系的文化建设

学校人际关系包括学校领导之间的关系、学校领导与教职工之间的关系、教师之间的关系、教师与学生之间的关系、学生与学生之间的关系。良好的学校人际关系有助于广大师生员工密切合作，形成一个团结统一的集体，更好地发挥整体效应。

（二）第二课堂的文化建设

第二课堂在学校校园精神文化建设工作中起着特别重要的作用。学校对学生的培养教育主要是通过两大课堂同时进行的：第一课堂是进行教学活动，它对人才培养提出普遍性要求，解决的是共性问题；第二课堂是在教学计划之外组织学生开展的各种有意义的教育活动，主要包括政治性、学术性、知识性和娱乐性的活动。第二课堂的目的是发挥学生的特长，解决的是特殊性、个性的问题。第二课堂文化活动的实践作为一种特殊教育渠道，能够达到第一课堂教学所无法代替的教育效果。丰富多彩的第二课堂文化活动，可以形成良好的环境氛围，有利于学生陶冶情操、拓宽视野和丰富知识。

（三）网络文化的建设

学校要站在时代的高度，走在信息革命的前列以敏锐的眼光认真研究、总结和把握网络文化的客观规律，充分利用网络这一载体，广泛传播文明，抵御不良影响，占领校园网络阵地。要让主题鲜明、丰富多彩的精神文化网站、网页成为校园多层次、立体化、综合性校园文化和教育体系的前沿阵地。网络有利于提高校园精神文化和思想政治教育的针对性、实效性和主动性，扩大覆盖面，增强了影响力，并受到广大师生的欢迎。

二、高中校园廉政文化建设及其途径

廉政文化进校园，是高中校园文化建设的内在要求，"作为教师，其良好师德的力量、正面的教育引导，有利于促进自身廉洁从教、塑造学生的健康人格，净化社会风气；而作为学生，其多重的身份定位，提高他们的廉政意识更具有深远的意义"[①]。

廉政文化建设需要紧紧围绕学校的中心任务，紧密结合廉政建设的实际情况组织开展。既要坚持和发扬好传统的教育方式，巩固教育阵地，又要与时俱进，不断创造新的形式，寻求新的载体；既要全面持久，又要区别对待。同时，必须建立"大宣教"格局，整合各方面的资源，形成廉政文化建设的合力。

（一）利用教育载体

高中校园具有浓郁的文化氛围，拥有较为完善的文化传播渠道和系统的文化建设载体，有着传统的校园文化和校园精神。作为高中校园文化的重要组成部分，廉政文化与校园文化是相互影响、相互渗透、相互促进的。高中必须充分利用和依靠自己的文化优势，将廉政文化植根于广大师生心中，进而长期影响师生的价值观和行为取向。要注意吸收优秀思想为廉政文化建设提供思想指导，吸引我国传统廉政文化中的廉洁、民主思想等元素，吸收西方廉政文化中科学、先进的理念，结合国家文明和精神文明的要求，构建和谐校园和廉洁校园。

另外，要把廉政文化建设充分融入丰富的学校校园文化活动。要充分利用好传统的媒体形式，即宣传栏、校报、校刊、学校电视台、广播台等，大张旗鼓地宣传廉政的意义和先进人物的模范事迹。宣传栏主要用来张贴廉政教育图片和有关工作人员的廉政规定，公布案件查处情况；校报、校刊侧重于就一些廉政理论问题进行探讨，并就实践当中出现的问题进行制度和思想层面的剖析；学校电视台、广播台要及时报道学校召开廉政会议、组织廉政宣传活动和廉政制度建设情况。

（二）利用科技媒介

学校要遵循学校教育教学规律和学生成长成才规律，立足当前，着眼长远，因势利导，循序渐进，寓教育的知识性、政治性、思想性于生动性和趣味性之中，增强教育的针对性、实效性，提高其吸引力和感染力，积极推进廉政文化。

第一，发挥思想政治理论课的主渠道、主阵地作用。一方面可以将廉政课纳入思想政

---

①周锦狮. 中学校园文化建设必须包含廉政文化［J］. 教育研究（2630-4686），2019（2）：69.

治课体系，对学生进行廉政教育；另一方面把倡廉教育纳入学校培训，对教职工、领导干部等进行廉政教育。此外，还要不断加强思想政治理论课的教学内容和教学方法的改革，在内容上要编写有关诚信为人、遵纪守法、廉洁奉公为内容的廉政文化教程。在传授理论知识的同时组织切实可行的社会实践活动，通过参观考察、社会调查、公益活动等形式，使学生在实践中受到廉洁教育，打好廉洁基础。

第二，发挥智力资源优势，组织专家学者和实践部门的工作人员定期举办廉政研讨会、座谈会等，积极吸收他们理论研究的最新成果，及时发现实践中出现的新问题，认真探究解决现实问题的途径。学校要建立廉政文化课题研究制度，鼓励教师、行政人员和学生对校园内外不正行为的成因、社会基础以及教育对策进行专题调查研究，对优秀作品进行汇编奖励。

第三，重视加强校园网络建设。网络是新兴的媒体形式，由于它信息量大、普及率高、影响面广，所以备受社会瞩目，也深得学生青睐。加强廉政文化宣传，应在校园网络上开辟出廉政专栏，大力宣传我国传统文化中的廉政思想，及时报道廉政动态。同时，我们必须清醒地认识到，网络具有虚拟性和广泛复制、传播性的特点，网络宣传有其弱点和弊端，一旦出现失误，影响巨大。因此，必须始终坚定不移地加强对网络舆论导向的正确指引，防止给学生思想造成误导。

第六章　高中智慧校园建设及其应用研究

第一节　智慧校园及其建设的关键技术

一、智慧校园的内涵与特征

（一）智慧校园的内涵

关于智慧校园的内涵表述不尽相同，主要包括以下内容。

第一，智慧校园弥补了数字校园的诸多不足，是新一代的数字校园，可以提供更为直接的教学、管理服务，极大地丰富了师生的课余生活，将无线互联技术应用于高校信息化建设，整合高校应用业务，提高资源利用率。

第二，智慧校园是指通过应用云计算、虚拟化和物联网等新技术来改变高校师生与校园资源之间的交互方式。将学校的教学、科研、管理与校园资源和应用系统进行整合，以提高应用交互的明确性、灵活性和相应速度，从而实现智慧化服务和管理的数字校园模式。

第三，智慧校园是学校信息化回归"以人为本"的一个新的发展阶段，强调"以服务为核心，以管理为支撑"的理念，体现校园活动的"深度融合"。

第四，利用物联网技术，使教学更加智慧化，将人和物理设施紧密结合，达到方便快捷的现代化教学效果。

第五，利用信息化技术，将教学过程中收集到的数据经过分析、整合、评测和分析，深度挖掘信息中潜在的利用价值，提高资源利用率，也为管理者提供有效的决策依据。

综上所述，"智慧校园是以解决师生生活、学习、工作等实际需求为目的，运用以云计算为内核的'大数据'技术，对校园产生的大规模、多样化海量数据进行有效分析与处理，识别采集有价值信息，利用先进的信息化工具和设备，使校园从硬件到软件实现全面数字化、智慧化的智能、灵活、高效的校园管理服务体系"[①]。智慧校园具有信息技术与教学的深度融合、教育资源的整合共享、开放个性的学习环境、智能高效的教育管理和基

---

①罗金玲．"互联网+"时代智慧校园建设探索［M］．长春：吉林大学出版社，2016：7.

于大数据的科学分析与评价等特征。

需要注意的是，数字校园与智慧校园是校园信息化建设的不同阶段，数字校园主要是校园信息化的基础设施建设与信息技术的应用，目标是校园运行和管理的可视化（数字化和网络化。智慧校园则是充分利用现代信息通信技术给校园事物赋予人的"智慧"，提高校园感知化、智能化水平，从而实现教学最优化的校园发展模式和形态。

（二）智慧校园的特征

智慧校园具有以下特征。

第一，全面的智能感知环境和物联网技术。环境感知是传感器技术、智能控制技术和图形识别技术的应用所带来的全新特性。物联网技术是利用各种信息传感设备，如射频识别装置、红外感应器、全球卫星定位系统等种种装置，自动识别目标对象并获取相关数据，与互联网融合在一起，形成一体化的网络环境和应用环境，实现物物相连。

第二，网络无缝互通。智慧校园具有无线、有线双网，实现传感网、视频监控网络等多种网络融合，实现网络间的无缝衔接和互通，形成无处不在的网络环境和应用环境。

第三，海量的数据处理能力。智慧校园的智慧性体现在它有一个强大的数据处理系统，其核心就是云计算平台，它具有信息传输效率高、智能化程度高、硬件集成度高等优点，基本形式包括基础设施即服务、平台即服务和软件即服务。云计算将不同的计算处理器和存储单元进行统一的管理，形成一个规模庞大的计算资源，能够灵活配置教学资源，提供资源共享。

第四，泛在的自主学习环境。基于有线和无线网络全面覆盖的学习环境，借助云计算平台和移动学习终端，在任何时间、任何地点都可以完成在线学习、互动交流和辅导答疑，从而实现智慧校园随时随地都可以进行自主学习的服务环境。

第五，师生个性化的信息服务。智慧校园为广大师生提供了一个全面智能感知环境和综合信息服务平台，并在此基础上能提供基于角色的个性化信息定制服务（见表6-1）。

表6-1 师生个性化的信息服务的体现

融合的网络与技术环境	具体内容
	实现校园有线网、无线网、传感网、视频监控网等多种网络的融合和多种信息化应用系统的融合，形成一体化的网络环境和应用环境
环境全面感知	为广大师生提供一个全面的智能感知环境，可以随时随地感知、捕获和传递有关人、设备、资源的信息，对学习者学习偏好、认知特征、注意状态、学习风格等个体特征和学习时间、学习空间、学习伙伴、学习活动等学习情境的感知、捕获和传递

融合的网络与技术环境	具体内容
智能的管理决策与综合业务的处理的数据支撑	架构科学合理、低耗高效运转的学校智能化管理与决策支持系统，能够对学校的人、财、物、活动、事件和业务流程进行感知、识别、跟踪、判断、处理、评价与提示指引。对新到的信息进行趋势分析、展望和预测，做出快速反应、主动应对，更多地体现智慧、智能的特点
师生个性化的信息服务	以有效解决师生在校园生活、学习、工作中的诸多实际需求为目的，并成为现实中不可或缺的组成部分，能提供基于角色的个性化信息定制服务
开放共享与智慧学习的环境	灵活配置的学校及社会的教育教学资源及平台，巧展延伸的资源环境，让学生冲破教科书的限制；支持拓展时间和空间环境，虚实结合，开放生态，让学习从课上拓展到课下，让有效学习在真实情境和虚拟情境中得以发生。学生、家长、教师能够及时互动，分享教育经验与智慧，能对教学过程进行动态跟踪与评价

二、智慧校园建设的关键技术

（一）物联网技术

智慧校园的基础是物联网技术，以此为基点，涵盖了众多基础设备、各种应用服务系统、不同类型的应用人群等。因此，智慧校园不仅是物与物之间的联系，更是人与物、系统与系统之间的无缝衔接。因此，进行资源的有效开发与应用，实现装备设施与数字资源的充分融合，成为"智慧校园"发展的重中之重。

物联网（IoT）是指通过各种信息传感设备，实时采集需要监控、连接、互动的物体或过程等各种信息，与互联网结合形成的一个巨大的网络，其目的是实现物与物、物与人，所有的物品与网络的连接，方便识别、管理和控制，它是在当今社会互联网与计算机技术高速发展的基础之上发展而来，充分利用 RFID[①] 技术、无线传感器网络（WSN）技术、传感技术、纳米科技、智能分析处理等技术，构建了一个超级网络，可涵盖当今社会的方方面面、万千事物。

在这样的一个世界中，RFID 技术——电子身份识别技术，能够有效地识别、存储身份信息，通过 WSN 网络传输到中心系统中去，从而达到物体识别与沟通的目的。基于具有开放特点的计算机网络，进一步实现信息的发布和共享。RFID（Radio Frequency Identification）是一种通过发射和接收无线电信号的技术，用于近距离分析和识别特定目标的身

---

① RFID 即射频识别技术，又称无线射频识别，是一种通信技术，俗称电子标签。

份特征及其对应的数据。RFID 技术能够实现目标识别的目的。当前阶段，射频识别技术发展成熟，应用广泛，且成本相对其他技术更为低廉，但是该技术一般没有数据获取功能，大多应用场合为物体的身份识别和属性的保存，多应用于 IoT 的物体身份甄别。

信息技术的三大基础可以包含传感技术、计算机技术以及通信技术。传感技术利用不同类型的传感器，从环境、场合中获取相应的信息，进行相应的处理与识别后，通过网络传输至处理系统中。一般而言，根据环境与场合的不同，选取适合的传感器很有必要，可达到良好的效果。无线传感目前发展迅速且应用的场合十分的多，为 IoT 提供了无线感知的手段。

无线传感器网络，该项技术的实现主要是通过部署在不同位置与场合的传感器，通过能够自行组网的无线网络实现互联，进而把各个传感器收集到的信息通过无线网络传输至中屯、处理系统中，从而达到对周边环境、场合、态势的监控的目的。通过中心系统的分析与处理，为相关的需求部口与单位提供高效的信息保障，该项技术运用了计算、通信传输以及传感三项技术，对 IoT 的产业发展与提升起到良好的推进作用，可从运用在环境监测、周边温湿度等环境信息实时探测，今后会在更广泛的领域发挥其作用。专家系统，是一种基于人类各类专家积累的知识库、经验库数据，利用多领域专家的相关技术进行综合处理，实现相关问题的智能化处理系统。该项系统的成功运行很大程度上取决于智能化处理的相关运行规则与算法等。

一般而言，IoT 分三层：即感知层、网络传输层和应用层。

1. 物联网的感知层

感知层通过对周边环境、特定场合的感知，获取相应的信息，从而为 IoT 的后期智能处理提供数据基础。全面精确的信息感知使得 IoT 的智能化成为可能，通过部署的不同网络，如 WSN、Internet、无线传输网络等，及时有效地将感知的信息发送到中央处理中心。

感知层是 IoT 的核心，通过其实现信息的采集，这一层就像人的皮肤和五官一样，通过不同的感官和触觉来探索物体和环境，进而获取相应的信息。

通常这一层会根据应用场合不同而设置对应的传感器，如温湿度传感器来感知环境的湿度和温度，高速超重检查站设置的重量传感器用来感知车的重量，全球定位系统（GPS）终端感知目前的位置信息，摄像头感知动态的视频信息等。

一般而言，感知层由两部分组成：前端传感器和传感器传输网络。传感器获取相应的信息通过传输网络传输到中央处理单元。

2. 物联网的网络传输层

网络传输层主要功能是实现 IoT 的数据与信息的传输。当前阶段，较为常见且使用广泛的传输网络有 Internet、各种无线通信网（微波网络、卫星网络、Wimax、无线集群等）、有线通信网（光纤网络、有线电视网等）。

Internet 应用广泛，通过网际协议地址（IP）与硬件地址实现对计算机地址的标识。无线网络通常适用于短期内要建设完成且基础设施不是很完善的情况，开通周期短，建设成本相对低廉，但相对可靠性稍差一些。有线网络可靠性更高，但前期建设成本高且建设周期较长。可根据不同情况选择合适的网络进行建设。当前应用广泛的还有 M2M，即机器与机器之间信息的交互，常用的有机器到机器、机器到移动终端等方式。

3. 物联网的应用层

如何能够体现 IoT 的智能性，对于人们而言，最为直观的多体现在应用层。通过感知层获取大量的数据与信息，经过传输网络，到达中央数据处理中心，通过一些智能化手段，如利用算法库的支持，对同一事件进行协调沟通联合处理，形成全面的信息集，提供辅助决策建议。常常需要对收集到的海量数据进行保存，智能运算以及挖掘关键信息等。

（二）云计算

Cloud computation，即云计算，是基于网络的一种计算模式，利用非本地或远程服务器（集群）的分布式计算机，通过融合网格计算、并行计算、分布式计算、网络存储、虚拟化和负载均衡等技术，把诸多的计算机整合成一个可以提供超级计算和存储能力的强大系统，并以基础设施即服务（IaaS）、平台即服务（PaaS）、软件即服务（SaaS）等商业模式实现运营，让用户在大大节省投资和维护费用的同时，方便快捷地实现不同设备间的数据与应用共享。

云计算的主要思想是把大量的网络计算资源汇聚在一起，构成现代化的计算资源池，然后进行统一调度和管理，并根据用户的需求，提供高效的个性化服务。我们将这种提供资源的现代化网络系统，称作云。云技术使 IT 资源的建设和使用具备弹性扩展、动态分配和资源共享等优势，可以让用户在大大节省投资和维护费用的同时，随时享用云服务。一般而言，云计算可分作三个层面，即云软件、云设备以及云平台。目前，云计算已经成为业界、学术界的热点名词与技术，谷歌（Google）、万国商业机器公司（IBM）、亚马逊（Amazon）、微软等信息巨头都已经参与云计算的研究和开发。从发展的眼光来看，云计算是未来发展的重要趋势之一，是新一轮教育信息化建设的主要推手。

云计算平台为智慧校园提供了高集成、高效率、智能化的网络数据平台，它以网络为基础，通过虚拟化技术创新服务器，将各种数据资源融合到资源池中，统一向用户提供按需服务。智慧校园的云平台包括基础设施服务、平台服务以及软件服务。基础设施包括服务器、存储系统和网络系统等硬件部分，平台以服务的形式提供虚拟硬件资源和服务器租用等；平台服务包括认证、授权、数据管理等，平台服务系统，主要由中间件、数据库以及开发平台等组成；软件服务，是智慧校园的核心部分，也是智慧校园的上层服务，校园信息化系统部署在该层，通过统一门户提供服务，是用户获得服务的入口。

云计算能够给智慧校园提供强有力的技术支撑，其关键技术具体如下。

1. 虚拟化——Virtulization

作为云计算最为重要的技术基础，虚拟化实际上是指计算的单元是在虚拟的基础上运行而非真实存在的硬件基础之上。通过使用虚拟化技术，能够使企业的现有资源得到最合理化配置使用；同时，各企业可以根据其业务需求的变更，及时根据其需要对资源进行合理分配，达到动态均衡；由于实现了硬件无关性，这就带来系统可靠性的有效提升。在实际的云计算应用中，通过计算的虚拟化实现了云上的服务并提供相应应用。目前，通过虚拟化技术，实现了在中央处理器、OS、服务器等方面应用，极大提高了服务的效率与质量。

2. 分布式文件系统——DFS

Google 提供的搜索服务，面向全球用户，由于其用户规模庞大，提出了分布进行处理的技术，利用分布式的架构，实现了数百万台的普通计算机的协同工作。而海量数据的分布存储主要通过分布式文件系统实现的，海量数据的存储则是通过分布式的数据库实现。DFS 即分布式文件系统，文件系统最初设计时，只是为了在局域网内的本地数据而提供服务的。而 DFS 将其服务范围扩展到了整个网络。这样不仅可以改变数据的存储与管理方式，同时具备了本地文件系统所没有的数据备份及数据安全方面的优点。

DFS 是 AFS 的一个版本，作为 OSF 的 DCE（分布式计算环境）中的文件系统部分。如果将文件的访问仅限于一个用户的话，那么 DFS 则将非常容易就能够实现。可惜在现实当中，众多网络环境里的限制是有些不现实的，所以就需要采用并发控制来实现多用户的访问文件，主要表现为如下形式。

（1）只读性共享：各客户端只能访问到文件，不具备更改权限，这种实现十分的简单。

（2）受控写操作：使用此方法，同一时间可有多个用户打开同一文件，但只授权给一个用户更改权限，其修改内容也不会实时地反映到其他用户端。

（3）并发写操作：此种方法设计之初，为了实现同一时间用户能够实现读写同一个文件。但是由于对 OS 提出了很高的要求，如需要大量的工作来监测从而避免软件的重写并需要保证用户能够及时看到最新信息。初衷很好，但是限于环境中的处理要求以及网络通信量带来的各种问题，这种方法大多情况下使它变得不可接受。

3. 并行计算——Parallel Computing

Parallel computing，是基于一个较为简单的想法：有几台计算机就能实现几倍于单台计算机的能力，并将处理时间缩减为单台计算机的几分之一。由此可见，这是一个理想的状态。通常需要做信息交换与同步工作。即使如此，仍能够有效提升处理性能。并行计算需要考虑以下方面：①通过将工作分解为离散的部分，可实现同时解决；②同时执行多个程序与指令；③并行计算情况下，其解决问题所需要的时间要少于单个资源下的时间。通常而言，并行计算是相对于串行计算而说的。并行计算分为时间并行与空间并行计算。时间并行计算通常是指流水线技术，而空间上的并行则是通过并行利用很多个处理器进行计算。

4. 云安全——Cloud Security

由于其模式是一种基于 Internet 的计算模式，云计算提供的相关服务不可避免地涉及信息安全方面的问题，如信息泄露、非法窃取、病毒攻击、安全漏洞等。目前的 Cloud Security 已发展到了第三代可信云安全阶段。其特点是在 Internet 上实现了自动安全探测以及自动防御。而客户端可以配置优化到非常小，从而提高相关性能、降低资源消耗。

5. 云服务平台架构——Cloud Service Architecture

云计算提供三个层次的递进式的服务：第一层 IaaS 服务：基础设施架构即服务。由硬件或虚拟机资源构成，也是最底层，提供计算处理、数据存储和网络通讯等资源。第二层 PaaS：平台即服务。构建在第一层云基础设施之上的中间层，为云应用程序开发者提供一个基础平台，以开发顶层各种的云应用软件。第三层 SaaS：软件即服务，基于中间层云平台开发的各类面向用户应用服务。

云计算架构模式与传统 IT 系统垂直一条线的模式不同，有三个基本的特征。第一个基本特征是基础设施架构在大规模的廉价服务器集群之上，集约化、虚拟化集中硬件资源；第二个基本特征是应用程序与底层服务协作开发与融合，最大化地利用资源；第三个特征是通过多个廉价服务器之间的冗余，提高可靠性计算处理能力，以获得应用软件的高可用性。

（三）大数据

大数据技术为教育提供了全新的教学平台，改变了传统的教学模式，为教育带来了广阔的发展空间，教育领域正逐步由"数字化"向"智慧化"发展。所谓"大数据"，是指数据规模巨大，大到难以用我们传统信息处理技术合理撷取、管理、处理。在大数据技术中，主要包括收集、挖掘、存储以及处理等过程，若将其和物联网技术结合起来，能够产生巨大的智能影响。总体而言，大数据技术主要包括大数据分析、云数据库技术、内存数据库以及数据安全等四个方面的内容。

大数据分析主要是指借助于数据分析工具以及数据挖掘算法，从海量的数据中挖掘出有价值的信息。云数据库技术有效解决了存储的难题，为海量数据的存储和计算提供了良好的途径。内存数据库的采用，提升了对数据的管理和存储的效率。数据安全问题是比较容易被忽视的，而在大数据技术中常见的解决方案主要有数据迁移、双机容错以及异地容灾等方式。

1. 大数据技术

大数据技术是指从各种各样类型的巨量数据中，快速获得有价值信息的技术。解决大数据问题的核心是大数据技术。目前所说的"大数据"不仅指数据本身的规模，也包括采集数据的工具、平台和数据分析系统。大数据研发目的是发展大数据技术并将其应用到相关领域，通过解决巨量数据处理问题促进其突破性发展。因此，大数据时代带来的挑战不仅体现在如何处理巨量数据从中获取有价值的信息，也体现在如何加强大数据技术研发，抢占时代发展的前沿。

第一，数据采集：ETL 工具负责将分布的、异构数据源中的数据如关系数据、平面数据文件等抽取到临时中间层后进行清洗、转换、集成，最后加载到数据仓库或数据集市中，成为联机分析处理、数据挖掘的基础。

第二，数据存取：关系数据库、NOSQL、SQL 等。

第三，基础架构：云存储、分布式文件存储等。

第四，数据处理：自然语言处理（NLP）是研究人与计算机交互的语言问题的一门学科。处理自然语言的关键是要让计算机"理解"自然语言，所以自然语言处理又叫作"自然语言理解"（NLU），也称为"计算语言学"，一方面它是语言信息处理的一个分支；另一方面它是人工智能（AI）的核心课题之一。

第五，统计分析：假设检验、显著性检验、差异分析、相关分析、T 检验、方差分析、卡方分析、偏相关分析、距离分析、回归分析、简单回归分析、多元回归分析、逐步回归、回归预测与残差分析、岭回归、logistic 回归分析、曲线估计、因子分析、聚类分析、主成分分析、因子分析、快速聚类法与聚类法、判别分析、对应分析、多元对应分析（最优尺度分析）等。

第六，数据挖掘：分类、估计、预测、相关性分组或关联规则、聚类、描述和可视化、复杂数据类型挖掘等。

第七，模型预测：预测模型、机器学习、建模仿真。

第八，结果呈现：云计算、标签云、关系图等。

2. 大数据特点

大数据的"大"是指数据规模，大数据一般指在 10TB（1TB＝1024GB）规模以上的数据量。大数据同过去的海量数据有所区别，其基本特征可以用 4 个 V 来总结（Volume、Variety、Value 和 Velocity），即体量大、多祥性、价值密度低、速度快。

第一，数据体量巨大。从 TB 级别，跃升到 PB 级别。

第二，数据类型繁多，如前文提到的网络日志、视频、图片等。

第三，价值密度低。以视频为例，连续不间断监控过程中，可能有用的数据仅仅有一两秒。

第四，处理速度快。1 秒定律。最后这一点也是和传统的数据挖掘技术有着本质的不同。物联网、云计算、移动互联网、车联网、手机、平板电脑、PC 以及遍布地球各个角落的各种各样的传感器，无一不是数据来源或者承载的方式。

第二节 高中智慧校园建设的规划与策略分析

一、高中智慧校园建设的规划

（一）高中智慧校园建设的目标

高中智慧校园建设，需要充分发挥信息技术优势，促进信息技术与教育教学的深度融合，提高学校师生员工的信息技术素养，创新教育教学模式，提高教学质量，再造管理流程，提升校园文化生活品质，拓宽对外服务的范围，以智慧化引领学校现代化发展，增强学校的核心竞争力，为学校培养高素质人才提供信息化支撑和保障。

在统一数据标准、统一开发平台、统一资源管理的基础上，利用智慧校园平台将教学、科研、数据分析、管理、生活等活动，统一到一个基于数字网络的环境下，实现了四个智能化，即教学过程智能化、学习过程智能化、管理服务智能化、领导决策智能化，这样不仅大幅提高了教职工的工作效率，更提升了人才培养的质量以及科学研究实力。通过智慧校园数据的采集以及对大数据的分析，获得全体教职工以及在校学生的生活习惯、学习喜好等信息，对高中学校进行下一步的规划与决策起到关键的作用，并最终实现教育现代化。利用先进成熟的技术手段，围绕智慧校务、智慧教学、智慧科研、绿色校园、平安校园、便捷生活六个方面开展智慧校园建设工作，同时建设应用支撑平台。最终，建成智慧、多元、高效、开放、和谐、人文、安全的智慧校园。为全校师生提供良好的管理、教学、生活的环境，同时为架起学校与家长沟通的新桥梁。高中智慧校园建设的目标主要包括以下内容。

第一，高中智慧校园建设的具体目标：①统一标准，建设完备的学校信息标准；②高效管理，根据职能部门实际工作流程，建设业务系统，实行"无纸化"办公，简化办事流程，提高工作效率；③资源共享，建设统一信息门户、统一身份认证平台和共享数据中心三大支撑平台，集成业务系统，实现信息的共享、资源的共享，提高信息传递的速度，从而将学校教学、科研、管理水平推向新的高度；④智慧环境，构建物联感知系统，校园手机一卡通、智慧图书馆、智能植被灌溉系统、智能照明控制系统、智能安防系统等。

第二，高中智慧校园建设的近期目标：①建设完备的网络硬件基础，以及包括安全体系在内的网络服务平台的建设；②公共数据库的建立，数据标准和规范的制定，进行数据整合，从而实现各系统数据的同步；③建设基于角色管理的统一信息门户平台；④建设统一身份认证平台；⑤建设办公自动化系统、学生工作管理系统、人事信息管理系统、档案管理系统、外事管理系统、邮件管理系统、网络教学与资源管理平台、科研管理系统、经验积累平台、校园一卡通系统；⑥合作开发实践教学管理系统；⑦整合主要业务服务系统，包括教务管理系统、综合财务信息平台、图书管理系统等；⑧构建云教室。

（二）高中智慧校园建设的原则

智慧校园建设应坚持统一部署、软硬兼施、步步为营、重点突破、坚持不懈的方针，按照规范和规划一步步地建立起一个智能化、统一化、信息化的学校。

第一，统一规划，分步实施。智慧校园规划不仅要考虑构建统一的技术系统，更重要的是要制定统一的标准规范进行顶层设计，寻求系统整合方案。要确定有限目标，分步骤实施，考虑不同建设项目的需求和业务流程特点，制订合理的分步实施计划。

第二，应用驱动，绩效评价。智慧校园建设要始终坚持以应用为导向，规划设计应根据业务需求确定软件系统的要求，根据软件系统的要求确定硬件系统的配置；面向业务应用，构建技术系统和组织体系，推动智慧校园的有效应用；以应用效果作为智慧校园建设的评价目标。

第三，职业素养与职业技能共同提升。智慧校园的基础设施、应用服务和数字资源的建设，应遵循教育规律，强调和突出教育特色，着力于学生综合素质提升，努力探求和构建适合学校智慧校园的教学模式、管理模式以及服务模式。

第四，技术系统与组织体系协同推进。智慧校园的建设要依据学校整体发展战略和信息化环境下的业务需求，进行技术系统的顶层设计，规划并改造组织结构与体系，包括组织机构、政策规范、管理机制和人员发展，使技术系统和组织体系相互匹配、协同有序。

第五，先进成熟与承前启后并重发展。智慧校园建设应考虑技术系统的持久性、扩展性和兼容性，选用先进成熟的技术。既要着眼于新系统建设，也要关注已有系统利用和整合，更要重视技术系统的可持续发展。

二、高中智慧校园建设的策略

（一）搭建智能教学和监管系统

第一，智能教学系统设立时，先要考虑问题是能否提升教师教学效率与更好地完成教学任务，利用搭建的智能教学系统，教师可以快速完成备课、教案、课件制作、作业批改等，师生通过该系统实现自主学习。

第二，配备相应智能监管系统，全面监管行政办公、教学活动、教学设备，甚至是学生学习情况，使学生与教师在享受便利校园生活的基础上更加自律。如引入 CRP（一个以教学为核心的新型的信息系统）校园管理信息系统，有计划地部署校园资源，师生可以随时在网络覆盖的环境下登录智慧校园系统，实现对个人信息、课程安排、考试成绩及实践活动等内容的查询，利用智能监管系统有效管理与使用校园资源，提升资源使用效率。

（二）应用 SOA 校园建设的方案

SOA 即面向服务的体系结构。智慧校园建设本身就兼具系统性与复杂性特点，由各类操作系统、软件、服务器等组成，不同服务器承担着不同功能，要想将这些不同功能的服务系统整合起来，难度较大，需要学校全面分析智慧校园建设时需要的系统与软件，抓住建设要点，并对服务系统进行优化，最大程度地做到简化与稳定运行。例如，应用顶层设计创设新环境空间，方便师生学习、教学、工作及生活的信息化。同时，可以引入 CIO 负责制方便学生与其他高校联系、交流，并为学生提供更多的数据库资源。CIO 负责制就是首席信息官，日常工作主要承担智慧校园网络管理与统筹数据信息资源，为师生创建一个导向智慧平台，并为其提供更为全面与详细的校园服务。

（三）优化内置系统方面的工作

随着智慧校园的一体化发展，需要做好校园内置系统的建设和完善工作。但在实际操作过程中，我国智慧校园的建设经验相对有限，因此在建设过程中，系统的功能虽然具备，但在操作过程中系统的管理人员和使用人员存在严重的分离现象，导致对于系统的使用意见难以形成有效的评价和互动，不利于系统的及时改进。对高中校园的现有网络进行科学评估，并做好网络速度的测试工作。一旦条件允许，及时做好智慧平台的搭建工作。在日常的使用过程中，成立专门的机构进行智慧平台系统维护，从而及时做好网络的升级工作，避免影响日后的使用。

在大数据平台下，开发者和使用者之间的有效沟通交流是促进平台发展的重要动力，缺失了这种交流将不利于智慧校园的建设。因此，需要做好以下工作：高中校园智慧系统建设完成后，需要及时联系相应的技术人员，做好信息系统管理的再现和培训工作，从而保证不同的工作人员可以参与到日常的信息管理工作中来。技术人员还应该做好数据库的系统化处理，并设定操作的权限，从而在日常的应用过程中，既能保证内部教学人员的正常交流，又能充分发挥系统的效率。

综上所述，"高中智慧校园建设是我国教育发展的重要趋势，借助互联网的优势，在开展教学工作过程中，可以为师生提供更多的便利条件"①。但在具体的实施过程中，需要及时做好系统平台的搭建和维护工作，结合高中校园存在的实际情况，做好网络的评估维护、硬件的更新换代以及技术人员的培训工作，从而切实发挥智慧校园的功能。

第三节　高中智慧校园的系统建设与安全保障

一、高中智慧校园的系统建设

（一）硬件建设

为保障统一信息门户平台软件的运行需求，对其应用支撑环境必须满足以下要求：①基础网络建设。集成有线网络、无线网络，实现上网统一认证、统一行为管理和网络督查，增加学校出口带宽，满足师生的上网需求。②数据存储建设。满足"一套信息标准、三大基础平台"以及接口平台和各个业务系统的运行需求，存储设备实现定期备份和异地容灾备份。

（二）系统平台建设

第一，建立统一数据标准。高中学校的信息标准化建设应首先满足国标部标的要求；其次要保证各种标准之间具有相容性、一致性和可扩展性，即通过《信息管理标准集》来

---

①夏洁．高中智慧校园建设策略分析［J］．科学咨询，2020（28）：19.

建设统一信息标准体系，来规范学校智慧校园的建设、运行、管理。

第二，建立统一数据平台。统一数据平台要在数据标准的基础上，建立统一的数据传输与数据交换规范，实现不同部门间、不同应用系统间数据交换的规范，才能使信息的传递更加畅通、信息资源的综合效益发挥得淋漓尽致。共享数据中心实现了学校各部门之间的数据传递与交流，集中了学校各业务部门的数据，并实现了大数据分析和异地备份。

第三，建立统一身份认证以及接口平台。统一身份认证以及接口平台是在统一数据分析平台的基础上，集中统一认证各种应用系统，这样不仅能够提供统一的应用系统管理接口服务，集中认证接口技术规范，更能提高智慧校园的安全性。

第四，建立统一信息门户平台。通过统一门户提供的统一信息入口，将各种应用体系整合在一起，实现单点登录，同时提高可配置性，如 WEB 网站的业务风格、布局以及内容等。建立统一信息门户平台包括；①统一信息门户平台应满足；②符合师生使用习惯；③提供满足标准型、可持续性的框架；④提供多种校园内应用系统以及门户系统集成的手段，方便对不同应用系统的界面以及功能的集成；⑤提供安全的身份认证以及接口手段，方便登录外部系统以及各种校内应用系统；⑥满足用户个性需求；⑦提供对门户应用开发工具以及插件的支持，实现学校一些非系统级应用的快速升级。

（三）业务系统建设

第一，智慧迎新系统。智慧迎新管理系统应包含新生报到的各个环节；不仅面向学校内各院系、管理部门，还应面向所有的报到新生，包括报到学生的信息采集、专业选择、班级分配、老生返校流程、学杂费收取、报到人数统计等，该系统的数据是整个学生系统的基础数据，必须准确、有效，同时要求各部门确保数据的准确。

第二，综合教务管理系统。综合教务管理系统主要功能模块包括学生学籍管理、课表生成、教学质量评价、学分管理、系统运维等。

第三，学工系统。学工系统的人群应面对学生处、指导教师、任课教师、班主任和全体学生，包括贫困生管理、学籍信息管理、数据分析管理、学生公寓管理、系统维护等系统。支持师生通过网络发送及接收校园内所有信息，支持管理权限分配，并按照权限分析各种请求、查询、统计报表及打印功能。针对系部分管院长、主任、指导教师、学生管理教师等等可以分配不同权限，输入学号（或姓名），能及时了解学生基本信息（如专业、班级、指导教师、宿舍、学习成绩、考核等）。

第四，公寓管理系统；①实现学生出入不间断进行记录，并能显示是否本人刷卡，不是本人报警提示；②遇到非本公寓楼住宿学生进入，能够及时报警提示并拍照或者录像（如录像记录保存时间尽量更长）；③夜间学生晚归能够凭卡自主进入公寓并拍照，把记录保留，第二天打开电脑能够提示查看；④自动统计夜不归宿学生，并提供查询。

（四）一卡通建设

通过一张卡，集图书卡、诊疗卡、食堂卡、电子钱包、淋浴、打水等于一身，实现了真正的"一卡在手，校园无忧"的目标，具体的实现功能如下：

第一，实现餐饮、开水、医疗、上机、车载 POS 等功能，实现与机房上机管理系统的对接；

第二，实现银校合作资金划转业务（需要根据实际情况来考虑，具体的资金划转流程等）。

第三，统一数据交换中心平台。

第四，实现统一身份认证管理，实现单点登录。

第五，实现统一门户管理。

第六，实现金融数据统一存储管理。

第七，实现与校园网各应用软件平台的对接。

二、高中智慧校园建设的安全保障

（一）成立智慧校园办公室

组织管理是关键，成立领导小组，建立智慧校园办公室，设立秘书处。智慧校园建设是一项"一把手工程"，涉及学校内部各个部门之间的协调、合作，智慧校园办公室其职责包括：①具体负责智慧校园建设的统筹工作；②制订学院的智慧校园建设规划；③制定智慧校园建设的相关规章制度；④督促各单位的智慧校园建设工作；⑤协调智慧校园建设中的各种关系；⑥审批各单位智慧校园建设项目；⑦参照国际有关标准，组织起草智慧校园建设标准；⑧制定相关文件与制度，规范智慧校园的建设及管理，明确各部门责任；⑨制订本部门职责范围内智慧校园的建设规划；⑩配合落实学院的智慧校园建设规划；⑪协调相关部门与院系，实施智慧校园建设任务。

（二）保障智慧校园建设经费

学校通过多种途径提供智慧校园建设的专项资金，同时将建设资金纳入年度财务预算，确保智慧校园建设的顺利实施。建设经费要按照智慧校园建设的规划统一分配。

（三）争取智慧校园建设人员

第一，成立智慧校园建设实施小组，小组成员为智慧校园建设中涉及的各个部门的联络员，负责各模块的具体实施。

第二，提升师生信息素养。设立学校信息培训班，定期开展信息化素养培训，教师要支持智慧校园建设，然后通过教师辐射学生认可智慧校园，确保智慧校园实施过程中，全民参与，努力配合建设。

第四节　教育信息化背景下高中智慧校园的技术应用

在今天这个"互联网+"的大时代背景下，教育的信息化使现代的教育资源能够更好地实现共享，在这个教育信息化的背景下，一些优质的教育资源可以通过互联网和大数据平台向更多的学生开放，让更多学生享受到更优质的教育资源。现在网课是比较受欢迎的，一些名师将录制的视频传到网上，这样就可以让更多的师生看到。高中的智慧校园就是利用了互联网和大数据，互联网可以让一个偏僻的学校接触到外界很多的教育信息、资源，这样就可以借鉴外界其他发达地区的学校的发展方式，从而对本所学校进行适当的改革；大数据可以对网络上很多教育资源进行整合优化，还可以使得学校内部的信息整理更加方便。

现在的大多数高中学校都在进行智慧校园的建设，智慧校园的建设迎合了当代信息化的大背景，在之前我国的高中校园中并没有很多的现代智能化设备，在校园里不管是学生信息的整理还是考试成绩的整理都是人工来做的，这些工作不仅需要大量的人力，而且需要在做这些工作时认真仔细，因为这些信息都十分重要，任何一个小的错误都会造成严重的后果。而在今天教育信息化的背景下，高中校园也在向一个越来越智能的方向发展，有了互联网和大数据，省去了大量人工的工作，例如，要找一个学生的信息资料，可以直接利用互联网做到，学生们的考试成绩也可以通过机器阅卷，这样也会减少客观的错误，并且利用大数据也可分析整理出来一名学生成绩的波动情况，可以通过图表清晰地展示给师生，在今天学校师生都可以通过智慧校园来轻松地得到这些信息资料。总而言之，教育信息化下高中智慧校园技术的应用越来越广泛，具体如下。

第一，高中学校一些教育服务平台的建设。现在一些高中学校为了方便学生们的学习生活在网络平台上创建一些应用软件专门为学校师生服务，例如，教师们上课时为了节省时间可以通过学校创建的一些软件对学生们进行抽查。还有在假期学校想让学生们多花一些时间学习，学校通过创建一些网上学习的软件，要求学生在每次的学习之后都要进行打卡，通过这样的方式在引起学生学习兴趣的同时也达到了让学生们学习的效果，这种教育服务平台还可以对学生的学习进行监督，提高学生学习的效率。一些高中学校通过建设这些教育服务平台，不仅可以为学校师生提供便利，而且对于提高学生们的学习也十分有帮助。

第二，高中智慧校园的硬件设施建设。现在在高中校园中，几乎每个教室都有一个多媒体教学设备，通过这种多媒体教学设备，学生可以接触到更多的优质教育资源，教师在讲课时也可以利用多媒体教学的方式为学生提供更加优质的教学，提高课堂的教学质量。在现代的高中学校中的硬件设施都是十分完备的，不管是教室还是宿舍学校都配备有空调，为学生们提供了一个十分优质的学习环境。在高中学校中，每位教师，学校都会为他们配备电脑设备，这样教师可以更加方便快捷地获取网上优质的教学资源，这对于教师提高自身的教学水平很有帮助。

第三，学校一卡通的使用。首先，一卡通可以充当饭卡，在学校买饭时学生不需要再使用现金支付，这些一卡通还绑定有银行卡，如果一卡通里面没钱了学生可以通过学校里的自动转账机给自己的一卡通转钱；其次，学校可以通过一卡通对学生进行查勤工作，这也减轻了学校的考勤工作的难度；最后，一卡通上面还有学生的个人信息，学生可以拿着一卡通在学校相关的平台上查出自己在学校的各项表现。总而言之，一卡通是高中智慧校园建设的一项重大突破，一卡通的创建也促进了高中智慧校园的建设。

参考文献

［1］陈小丽．基于传统美德养成的高中校园文化建设［J］．百科论坛电子杂志，2021（19）：1207．

［2］封平华，李明振．高中数学建模教学策略研究［J］．教学与管理（理论版），2013（8）：127–129．

［3］付腾辉．探究高中校园文化建设的内涵［J］．新教育时代电子杂志（教师版），2014（31）：269．

［4］高建国．高中校园文化建设德育融入的方法［J］．文教资料，2020（11）：135–136．

［5］高尧，胡姗．STEM教育在高中数学教学中的作用［J］．中学数学教学参考，2022（36）：71–72．

［6］苟发安．新课程背景下高中数学教学方法的创新研究［J］．考试周刊，2022（4）：57．

［7］何长江．高中数学教学之我见［J］．南北桥，2020（15）：57．

［8］贾振东．浅议高中数学教学［J］．南北桥，2017（20）：111．

［9］李茹男．高中数学合作学习的几点体会［J］．课程教育研究，2015（21）：108．

［10］罗金玲．"互联网+"时代智慧校园建设探索［M］．长春：吉林大学出版社，2016．

［11］潘高峰．浅析高中数学教学［J］．软件（教育现代化）（电子版），2017（9）：235．

［12］申卫平，李秀丽．高中数学教学探析［J］．魅力中国，2019（9）：158–159．

［13］施黔群．信息技术环境下高中学校管理创新及运用策略［J］．中国新通信，2022，24（19）：57．

［14］谭孝林．高中数学教学探微［J］．中外交流，2017（15）：232–233．

［15］汤瑾．普通高中校园文化建设中的合唱教学探索［J］．广西教育（中等教育），2020（2）：166–168．

［16］汪家玲．高中数学课堂教学的有效导入策略［J］．现代中小学教育，2010（8）：25–28．

［17］王传利．关于教科书中数学思想方法挖掘与使用的思考：以人教版"二元一次不等式（组）与平面区域"为例［J］．数学通报，2016，55（6）：12．

［18］王宽明，刘朝海．基于差异化的高中数学教学策略［J］．中小学教师培训，2020（3）：44-47.

［19］韦永旺．高考数学试题中数学思想方法研究［J］．高中教学参考，2017（35）：3.

［20］吴强．函数与方程思想在高中数学解题中的应用［J］．数理化解题研究，2021（33）：32.

［21］吴志清．高中数学教学策略［J］．西部素质教育，2020，6（1）：227.

［22］夏洁．高中智慧校园建设策略分析［J］．科学咨询，2020（28）：19.

［23］徐玉明．探究高中校园文化建设的功能［J］．中外交流，2017（18）：62.

［24］闫安．高中数学教学巧设疑［J］．数理化学习（教育理论），2017（9）：49-50.

［25］阎昀昀．高中数学的教学原则与方法［J］．文理导航（中旬），2022（5）：34-36.

［26］杨春婵．浅谈深化高中校园文化建设中的德育功能［J］．教师，2013（17）：13.

［27］杨广．高中数学教学的现状和发展应用探讨［J］．学周刊，2021（17）：17.

［28］杨溢．新课标下高中数学课堂教学策略初探［J］．当代教育论坛，2011（6）：71-73.

［29］张贺开．浅谈高中管理工作现状及优化途径［J］．新课程，2021（49）：224.

［30］张鹏．教育信息化背景下高中智慧校园的技术应用分析［J］．中国新通信，2020，22（9）：112.

［31］张世荣．浅谈高中校园文化建设中德育的渗透［J］．新校园（中旬刊），2017（8）：25.

［32］周锦狮．中学校园文化建设必须包含廉政文化［J］．教育研究（2630-4686），2019（2）：69.

［33］周晓莉．探析高中数学教学［J］．软件（教育现代化）（电子版），2014（2）：25.